日本が滅びる前に

明石モデルがひらく国家の未来

泉 房穂
Izumi Fusaho

a pilot of wisdom

はじめに

　２０２３年になってから、全国の市町村でこれまでにない新しい動きが起こっています。明石市が実施した子育て支援の施策を取り入れる動きが、ドミノを倒すかのように広がり始めているのです。子どもの存在を無視してきた社会。その社会がようやく子どもに目を向け始めています。この動きは、今後地方から国を変えていく大きな流れを形づくっていくのではないか。安心して子育てができる社会が実現すれば、絶望的なまでに落ち込んだ出生率は必ず回復するはず。将来、歴史を後から振り返ってみるならば、この流れは日本社会が転換するひとつの大きなきっかけになるやもしれません。そのことを私は今ひしひしと感じています。

　私は12年前、明石市長選に立候補したとき、ビラにこのように記したことを覚えています。

「街をつくるのは、ひと。これからの明石をつくるのは、今の明石の子どもたち」

「子どもたちに借金を残すようなムダ使いをやめ、がんばる子どもたちを、街全体で応援する。そんな明石をつくっていきたい。それが明石の未来につながると信じている」

以来3期にわたって市長を務めましたが、ビラに記した、「子どもは未来」という街づくりへの基本的な思いは、大学生のころからまったく変わっていません。

本書で詳しくお話ししますが、私は市長として明石市独自の「所得制限なしの5つの無料化」(「18才までの医療費」「第2子以降の保育料」「おむつ定期便〈0才児見守り訪問〉」「中学校給食費」「公共施設の遊び場」)をはじめとする子育て施策の充実を図り、10年連続の人口増、8年連続の税収増などを実現してきました。

明石市で実施した施策には全国初が多い。もっとも、これらは国がやるべきことをやらないから市としてやってきただけのことです。グローバルスタンダードに照らせば当たり前のことをやってきたにすぎません。

なぜ国がするべきことを地方の自治体がせざるをえないのか。それはひとえに日本社会があまりにも上意下達のシステムでがちがちに固まっている「横並び主義」「一律主義」

だからです。つまり、行政のレベルでいうと、市民の上に市町村などの自治体があって、さらにその上に国がある。国の中心にいるのは官僚や国会議員。まさにピラミッドの構造になっていて、一番下にいる市民の声はまともに掬《すく》い上げられることはありません。日本人の「お上意識」の強さは、この古いシステムが非常に強固だからに他なりません。

日本は、出生率も人口も下がり続けています。失われた30年といわれる経済事情を背景に賃金も生活水準も上がりません。それゆえ未来に希望を持ちにくい社会になってしまいました。上意下達のピラミッド型社会の構造が大きく変わらない限り、日本は坂道を転げ落ちるように国の形を失っていくだけです。そのことを私は強く危惧しています。

ピラミッド型の社会構造に対して、私が考えるのは同心円状の社会です。一番真ん中には市民。それを囲む形で市町村があり、その外側に国がある。何よりも最初に「市民ありき」です。市民の声を掬い上げることで地域の行政が動き、国がそれを調整・補完する。明石市が市民の声を徹底して尊重したように、国も国民のほうを向き、本気で国民の声に応える政治を行えば、日本は必ず再び国の形を取り戻していくはずです。

これは政治家を志した原点であり、他の著作でも紹介している話ですが、なぜ私が明石市の市長になろうと思ったのか。その理由を最初にお話ししておきます。

私には生まれつき障害を持っていた4つ下の弟がいます。弟は歩くことができませんでしたが、家族一丸となって必死にがんばった結果、5歳で何とか歩けるようになりました。その弟が私と同じ小学校に入学しようとしたとき、明石市は「足が不自由なら養護学校（現在の特別支援学校）に行け」と言ってきたのです。けれども、養護学校に行くには、電車とバスを乗り継いで行かなければなりません。のろのろ程度しか歩けない弟に、長時間の徒歩移動はとても無理な話です。子ども心に「なんで明石市はそんな仕打ちをするのだろう」と信じられない思いでした。

両親はそれでもくじけず、弟が私と同じ小学校に通えるようにしてほしいと市に訴え続けました。その結果、弟は小学校に通えることになりましたが、市から2つの条件を提示され、誓約書を書かされました。それは①「何が起ころうとも行政を訴えないこと」、②「送迎は家族が責任を持つこと」の2点。うちは貧乏漁師一家だったので早朝から夕方まで両親は仕事をしており、弟の送り迎えなどできるわけがありません。必然的に兄である私が、弟の登下校に付き添うことになったのです。

弟は小学1年生、私は5年生。雨の日も風の日も雪の日も、私のランドセルに2人分の教科書を入れ、弟の手を引きながら学校に通いました。私たち兄弟の姿を見る周囲の目は冷たく、誰も手伝ってくれようとはしません。そのとき、私はこの社会がいかに冷たいものなのかを痛感しました。小学5年生にして世の理不尽さを嫌というほど味わい、こう思うようになりました。

「冷たい社会をやさしい社会に変えたい」

「私たちのように苦しむ人をこれ以上増やしてはいけない」

それなら、大人になったら明石市の市長となって街を変えよう。そう決心したのです。私が10歳のときです。

私は、自分が生まれ育った明石の街を誰よりも憎み、誰よりも愛してきました。市長になって明石の街をやさしくするために、誰よりも明石に詳しくなろうと努力も重ねてきました。今の私は、全人類の中で一番明石に詳しいはずだという自負があります。

「困っている市民に手を差し伸べるのが、政治や行政の使命・役割」

これが市長を務めてきた私の一貫したスタンスです。溺れかけている市民がいれば、すぐに助けに行く。その邪魔をする人間がいれば、そいつを突き飛ばしてでも市民を助けに行く。それが市民から選ばれた市長の使命・役割であると肝に銘じ、12年間走り続けてきました。

本書では明石市長に就任してから打ち出してきた数々の施策を交えながら、自治体が抱える課題をいかに察知し、解決策を考え、実行してきたのかを明らかにしていきます。ことに子育て支援施策はどの自治体でも、あるいは国でも応用できる普遍的価値を持つものです。そこを手掛かりとして、これからの地方自治や国の政治のあり方についてもさまざまな角度から考察していきます。タイトルにもあるように、〝日本が滅びる前に〟具体的に何をすればよいのか、そのヒントにもなるはずです。

終盤にはこれからの展望、計画などにも触れていくので、ぜひ最後までお付き合いのほどを。

目次

第2章 「明石モデル」をつくれた理由

第5章　日本が滅びる前に

第1章　シルバー民主主義から子育て民主主義へ

「異次元の少子化対策」に対する間違った思い込み

私は明石市長として、これまで多くの政治家ができなかったことを実現しました。1つは「子どもは未来」を街づくりの基本方針に掲げた、数々の子育て施策。それらの施策により、子どもを応援すると街が元気になり、老若男女すべての人が幸せになることを示せたと思っています。

5つの子育て支援施策を「所得制限なし」の無料化にしたことで、明石市は全国的に有名になりました。ただ、これらの改革はスムーズにできたわけではありません。予算配分に反対する議会、それによって割を食う特定業界の既得権益者たちからの反発は凄《すさ》まじいものでした。子育て支援施策が結果を出し始める前までは、「お上意識」「前例主義」「横並び意識」に囚《とら》われた市役所の職員たちの反発も半端なく強いものでした。市の人事に関しては、「適時適材適所」を掲げて効率的に行っていったのですが、異動させられた職員からの不満も相当なものがあったと感じます。

そんな反対勢力の一部が私の発言の一部を切り取り、不利な情報をマスコミにリークしたことで、私は「暴言市長」のレッテルを貼られたりもしました。市長在任中はこれでも本音をかなり抑えていましたが、たしかに私は口は悪い。それは認めます。ただ、建前の空気にさして気を遣わない磊落《らいらく》な性格の私であっても、こうした四面楚歌《しめんそか》の状況、反対勢力が起こす向かい風の強さには、正直「こりゃ、かなわん」と思うことも幾度もありました。でも、後ろから大丈夫ですよと強く支えてくれたのは、多くの市民の方々です。全国で初という条例を私は在任12年間で10以上つくりましたが、それらはみな市民の力強い後押しがあったからこそ実現できたのです。

本章ではまず、そんな市民の応援があってこそ実現できた「所得制限なし」の5つの無料化をはじめとするいくつかの施策を振り返り、そこに潜む課題や問題点、そして解決手法といったものが、他の地方自治体にも通じる普遍性を持つものであることを見ていきます。

明石市が実施した、「所得制限なし」の5つの無料化施策は明石市民のみならず、日本全国の大勢の方から評価と賛同を得ましたが、それを見て、このような子育て政策は、高齢者施策にしわ寄せがいくのではないか、限られた財源しかない自治体はマネをしたくても容易にできないのではないか、単純にそう捉える方も一方で少なくありません。

しかし、高齢者にメリットがない、新しい財源がなければ積極的な子育て支援施策などできないというのは、はっきりいって間違った思い込みです。お金がないという点に関しては、予算にはムダな部分がたくさんありますから、それを何割かでも削ってまわしてくれば十分可能なのです。

明石市の子ども関連予算は私が市長になる2010年度は125億円でしたが、2021年度は297億円と、10年で約2・38倍増加しました。この増加分には、「所得制限なし」の「5つの無料化」にかかる費用、約34億円も含まれます。たとえば、この「5つの無料化」を、明石市全体のスケールで見るとどうなるか。明石市が年間に使えるお金はざっと2000億円です。「5つの無料化」にかかる施策費の約34億円は2000億円に対して、たった1・7パーセントの比率です。1・7パーセントというのは、年収600万円(月収ベースで50万円)の家庭に置き換えると、月々、家計から子どものお稽古に8500円捻出するようなものです。

つまり、「5つの無料化」にかかる予算というのは、その程度にすぎない。たくさんあるムダな予算をちょっと削るだけで浮く金額です。これだけを見ても、財源がしっかりなければ子育て関連施策の無料化などできないという発想は、誤った思い込みでしかないとわかります。

政府は異次元の少子化対策を打ち出しましたが、少子化の加速ぶりを見ると、かなり危機的な状況にあります。私が小学生のころ、日本の出生数は200万人程度だったのが、その後、減少を続け、2022年は約77万人、出生率は1・26まで落ち込んでいます。これ以上の減少を避けるには、早急に思い切った策を講じる必要があります。

私は別に人口増論者ではありません。人口は緩やかに減っていっても、安心して暮らせる社会をつくるべきであって、無理に産めよ増やせよと言っているわけではない。「産みたいのに産めなくさせている政治はおかしい」と言いたいだけです。今は産みたいのに産めない社会であるために、子どもの数が極端に減り続けている。それによって社会を支える人間が急速に減っていけば、人口の減少と同時に国民の負担は限りなく膨らみ、本当に国は滅びてしまいます。

国は異次元の少子化対策の財源を、社会保険料の増額や消費税増税などから捻出することや、加えて高校生の扶養控除を廃止する案まで持ち出しています。しかし、社会保険料の増額も消費税増税もまったく必要ありません。ましてや扶養控除の廃止は逆にマイナスの負担になるわけで、むしろ少子化を加速させてしまいます。一体国は何を考えているのか理解に苦しみます。

財源については、明石市が増税も何もせずに無料の子ども関連施策を実施したように、国も予算を適正化して子どもにまわせば十分にできるはずです。

国は防衛費について、2023年度から5年間で総額43兆円と現行計画の1・6倍に積み増すことを決定していますが、実際の規模は60兆円近くになるとの報道もありました。これほど防衛費を増額できるなら、「静かなる有事」と自ら言う少子化への対策に今すぐ優先的に重点投資すべきです。防衛を強化しなければ国が滅びるというなら、その前に少子化対策をしっかりしなくては、国土が守られても住む人がいなくなります。陣地を守るのか、人を守るのか、どちらを優先すべきかという話です。もし、予算をまわすのが現状、難しいというなら、つなぎ国債でも発行して財源確保すればいい。

少子化対策には、3・5兆円の予算規模が見込まれていますが、私からいわせれば、3・5兆円なんてまったく少な過ぎます。国民に安心を与えるサプライズがまったくない。内容も予算も皮肉な意味で「異次元」です。一気に10兆円の予算を組んで、大学の無償化をはじめ、子育てにかかるコストを劇的に少なくすれば、坂道を転げ落ちるような出生率は間違いなく回復するはずです。高等教育における「社会が賄う部分」と「自分が賄う部分」の費用負担割合は、フランスをはじめとする欧州各国はおおよそ7対3なのに対し、日本は正反対のほぼ3対7。日本が欧州並みになるには、国民の強い安心感が得られる思い切った子育て施策が必要です。

「子育て施策が高齢者にとってメリットがない」というのも単なる思い込みです。私が無料化施策を実施したとき、その先にあるものをしっかり見据えていました。なぜなら、「所得制限なしの無料化政策」は、同時にきわめて有効な経済政策だからです。

明石市は、子育て層をはじめ誰もが安心して住みやすい街になったことで人口が10年連続で増え、出生率も上がり、その結果、税収増になりました。その間、街の商店街は売り上げがどんどん増え、移住者の増加によって至るところで建設ラッシュが起こっています。子ども施策は経済政策でもあり、街に住むすべての人にとってハッピーなものになることをしっかり証明してみせました。このことは、地方自治体という小さな単位においてそうだというだけでなく、国のレベルでも同じ効果をもたらします。

2023年4月の「こども家庭庁」の発足など、政府がようやく子育て支援施策に本腰を入れ始め、それに対してさまざまな議論が起こっている今だからこそ、このことは強調しておきたい点です。

子ども1人にかかる養育費はだいたい3000万～5000万円といわれています。その子どもが大人になってからの生涯賃金はおよそ2〜3億円です。子育て支援施策によって子どもが増えることは、それだけで大きな経済効果が見込めるということです。

「所得制限なし」の無料化施策が経済効果を生むのはなぜか?

「所得制限なし」の無料化施策がきわめて有効な経済政策でもある理由を、改めてもう少し詳しく見ていきます。

今や明石市を代表する「所得制限なし」の子育て5つの無料化は以下になります。

【「所得制限なし」の5つの無料化】

① (高校3年生まで)子ども医療費の無料化…薬代も無料。市外の病院も無料。病院代無料。

② (第2子以降の)保育料の完全無料化…兄弟の年齢も関係なし!保育所・幼稚園　市外の施設もOK。親の収入も関係なし!

③ おむつ定期便…市の研修を受けた見守り支援員(配達員)が、毎月おむつや子育て用

品を家庭に直接届ける。

④ 中学校の給食費が無償…中核市以上で全国初。

⑤ 公共施設の入場料無料…天文科学館、文化博物館、明石海浜プール、親子交流スペース「ハレハレ」などの入場料が無料。

これら「5つの無料化」の実施にともない、所得制限を設けなかったのは、いくつか理由があります。私の考えるベーシックな子育て支援施策は「すべての子ども」が対象です。親の所得によってサービスの受けられない子どもが出てくるのは、私の理念に反します。

また、私は市長になる前から、「地域経済は中間層に光を当てることでまわり出す」と考えていました。所得制限を設けなかったのは、中間層に光を当てたかったからです。

明石市の人口は10年連続で増え続け、2020年の時点で30万人を突破しました。直近の国勢調査で、全国の中核市（人口20万人以上の指定を受けた自治体）のうち人口増加率1位にもなりました。明石市にどんな世帯が一番流入してきているかというと、それは先述した「中間層（その中でも中の上の世帯）」なのです。

「所得制限なし」「5つの無料化」によって大きな恩恵を受けられる中間層が、戸建てやマンションを買って明石市に移り住んでくる。中間層世帯は共働きで収入源が2つあるダブルインカムが多いですから、これらの世帯は言い換えれば「ダブル納税者世帯」です。中間層世帯は教育にも熱心で、子どもにお金をかけます。子どもに光を当てると、子どもを育てている親たちがお金を使えて、地域経済もまわるようになるわけです。

明石市は子育て支援サービスの無料化に所得制限をかけないことで、子育て層の負担を軽減し、経済の好循環を生みました。「所得制限をかけず、すべての世帯を対象にすると市の財政が圧迫される」などと言う人もいますが、間違いです。「5つの無料化」は納税者から預かったお金の一部をお返ししているだけなのです。市が損をしているという解釈も間違っています。子育て支援策が市にもたらす波及効果を考えても、所得制限など設けず、中間層を支援したほうが市の財政も潤います。所得制限により中間層を排除する施策こそが、さらなる少子化や地域の衰退を招くことになるのです。

経済のまわし方には2つの方法がある

明石市の子育て支援策の効果が表れ出したのは、私が市長となってから5年が経過した2016年ごろからです。市長に就任した直後、私は明石駅前再開発ビルの計画を全面的に見直し、予定されていたパチンコ店などを外し、その代わりに「子育て支援施設」や「図書館」を入れました。当然、予定を覆された市議会議員や業界関係者からは「駅前の立派なビルに、そんな利益も出んような施設を入れてどうするんや」と猛反発されました。

そこで私は「親子連れが来るようになったら、明石駅の周辺ににぎわいが戻ります。駅前ビルに来たら、普通だったら3000円ほどかかる遊具施設を無料で利用できます。さらに絵本2冊買うのに3000円かかるところを、図書館で借りればタダになる。合計6000円の浮いたお金を、親子連れは駅前ビルや近くの商店街で落としてくれるようになります。そうすれば、商売をしているみなさんも儲《もう》かる。だから、もう少し待ってください」と説得しました。そして、結果は私の読み通りとなりました。駅前ビルができたら子育て層が集まり、商店街もにぎわうようになり、新店ラッシュとなったのです。

経済のまわし方には、大きく2つの方法があります。物を売る側（サプライサイド）に光を当てるか、あるいは買う側（デマンドサイド）に光を当てるかです。そして日本の政府は今まで、主にサプライサイドにばかり光を当てるやり方を用いてきました。しかし大企業の法人税を減税しても、内部留保になるだけで経済はまわりません。市内の商店街にアーケードをつけたとしても、天候の悪い日や暑い日には効果はあっても、直接的に商店街の増収にはつながりません。

私は政府とは逆に、デマンドサイドに光を当てる方法を採りました。まず消費者である市民に光を当て、お金を使ってもらえるようにする。その結果、市民は負担軽減策によって浮いたお金を地元の商店街などで使ってくれるようになり、明石市の経済もまわり始めました。

子育て支援の財源を捻出するために、市の公共事業もかなり削りました。でも今、明石市の人口は過去最多を更新中で、マンションの建設ラッシュとなって建設業界は潤っています。このように、子育て支援、とくに「所得制限なし」の「5つの無料化」はさまざまな経済効果を生んでいます。

「財源がない」はウソ

市長を含め、明石市の市役所で働くすべての公務員の給料は、市民の税金によって賄われています。永田町の国会議員や霞《かすみ》が関《せき》の官僚にとって、税金は「年貢」のようなものかもしれませんが、明石市長だった私にとって税金は「市民からの大切な預かりもの」です。この預かりものをいかに有効に使わせていただくか。税金で雇われている者が知恵と汗を出し、付加価値をつけて市民に戻すのが行政の仕事。これが私の信念です。

預ける側の立場で考えると、市に税金を預けたらそこに付加価値がついて戻ってくるのですから「その市に住んでいてよかった」となります。納得して税金を納めてくれるようにもなるはずです。実際、「どうせ払うなら明石市に税金を払いたい」と、他の市町村から明石市に移り住んできた方々もたくさんいます。

税金をムダ遣いせずに、市民に寄り添った施策を立てていく。公務員はそのために労を惜しまず、知恵と汗を出して働く。市民は市長と市役所の公務員がちゃんと働いているか、しっかり見ています。今、明石市が関西で住みたい街「〔関西〕得点ジャンプアップした自治体ランキング」(リクルート「SUUMO住みたい街ランキング2023　関西版」)において第1位に選ばれたのは、そういった市政運営を続けてきた証《あかし》です。

市長を辞めた今も、街中で市民の方々にお会いすると「ありがとう!」とまず言われます。そして笑顔で「明石に住んでいてよかった」「明石市は税金の納め甲斐《がい》がある」と言ってくれます。

私が市長になったとき、最初に言ったのは、「子どもたちのためにお金を使いたい」ということでした。しかし、市の財務担当からは「そんなお金はありません」と即答されました。

市の予算は基本的に積み上げ方式です。所管の課で予算を固め、それが部に上がり、部長が決裁する。部長決裁が集まると調整をして、最後に市長の目の前に、「ただ黙ってハンコを押してくれればいいんです」といわんばかりに予算編成の書類が差し出されるわけです。

しかし、私は就任1年目から子育て支援のために、ムダな予算を削ることを決めていました。ですから、財務室からお金がないといわれても、それなら、お金のムダ遣いをやめればいいと拒否権を行使し、新たに予算を組み替えました。

最初に行ったのは、市営住宅建設の全面中止です。担当者は、私が思いもよらぬことを言い出したのでパニックになっていました。しかし、人口に比して明らかに公営住宅が余っているので、新たな増設の必要性がまったく見当たりません。この市営住宅建設全面中止に加え、20年間で600億円費やして下水道を太くする計画も大幅に見直しました。担当から詳しい説明を聞くと、10世帯ほどが床上浸水するリスクがあるので、その対策に必要だといいます。それならば10世帯の周辺の下水道を重点的に改修工事すれば十分です。最終的には必要最低限の工事にとどめることで、下水道計画の予算は600億円から150億円に削減しました。さらに専門職の活用による人件費圧縮など、予算をやりくりした結果、私が就任する前の2010年には125億円だった子ども関連予算は毎年10億円程度増え続け、先述の通り2021年には約2・38倍の297億円になりました。「お金がない」というのは、国や役所がムダ遣いをしているだけで、本当は「お金はある」のです。

このように首長がハンコを押さなければ、お金はかなり浮きます。「財源がないからできない」というのは稚拙な言い訳にすぎません。トップの人間にやる気がないだけです。トップの人間が決断すれば、たいていの政策は実行できます。私は、市長を12年続けてきた中でそれを証明してきましたから断言できます。

日本が新しい時代へと動き始めた

２０２３年に入ってから、全国の市町村で明石市の施策（子育て支援の施策や無償化、所得制限の撤廃など）を取り入れる動きが活発化してきました。2月には、当選直後の品川区・森澤恭子《きょうこ》区長が深刻な少子化の現状を捉え、子育て支援を最重要政策に挙げて令和5年度の予算を大きくシフトしました。

福岡市の高島宗一郎《そういちろう》市長も明石市を参考にして、積極的に子育て支援策を取り入れている首長の1人です。新年度の予算発表では「多子世帯への支援」と「サポートを必要とする子どもたちへの予算を手厚くする」ことを掲げていました。

3月には、寝屋川《ねやがわ》市の広瀬慶輔《けいすけ》市長がツイッター（X）で「明石市で実績のある取り組み（2つの無償化）を始める」と発表しました。「2つの無償化」とは①「保育料の無償化」

（負担の大きい第2子以降の保育料の無償化）と、②「学校給食の無償化」（中学校給食の無償化）です。

このような子育て支援の動きが兵庫県内だけでなく、全国に広がっていくのは私としても大変うれしい限りです。しかし、このような動きが一気に広まっていった背景には、4月の統一地方選挙があったことも忘れてはいけません。明石市のマネをして、子育て支援策を公約として掲げる候補者もたくさん現れました。でも肝心なのは、公約ではなくその公約をしっかりと実行してくれるかどうかなのです。有権者のみなさんは、そこをしっかりと見ていってください。

日本の政治が今、子どものために動き出したのは、90年代のヨーロッパが少子化や人口減少に歯止めをかけるために政策転換していったのととてもよく似ています。日本の政治がこのまま一気に変わるのは難しいでしょうが、転換の第1段階は始まった気がします。

2021年12月から私はツイッター（@izumi_akashi）を始め、明石市の施策や、「こどもを核としたまちづくり」に関する情報をこまめに発信してきました。ツイッターを始めてからもうすぐ2年ですが、その間、日本の自治体の動きはこれほどまでに変わってきました。明石市の「5つの無料化」をはじめとする子育て支援策が全国に広まっていったのは、ツイッターの「いいね」の数が積み重なっていった結果でもあります。私のツイート（ポスト）に「いいね」をすることも政治への参加です。「いいね」ひとつで政治は変わります。

「声を上げると政治は動かせる」

私のツイートによって、市民がそのような希望を感じてくれたとすれば、これほどうれしいことはありません。

ツイッターで私はよく「やる気」という言葉を使います。「明石市でできる施策は、全国どこでも、あるいは国でもできる。できないのは〝やる気〟がないからだ」と。自治体の首長であれ、総理大臣であれ、トップが「やる気」を出せばたいていの政策は実現できます。私が明石市の政策を大きく転換できたのも「やる気」があったからこそです。

私のいう「やる気」とは、トップが本来持っている権限をしっかり行使することに他なりません。これまで、全国の首長は自分の持っている権限をあまり使ってきませんでした。その権限の際たるものは、予算編成権と人事権です。

私は「こどもを核としたまちづくり」を方針として掲げ、「子どもを応援するのは子どものため、親のためだけではなく、みんなのため、未来のためである」と強い意志を持って予算を組み、人事権を行使してきました。

そして今、全国の首長がその権限を使い始めています。日本はちょっとずつですが、着実に動き出しています。

市長の仕事は3つだけ

２０１１年に私が市長に就任してから、明石市では「こどもを核としたまちづくり」に加えて「やさしい社会を明石から」というスローガンを掲げてきました。国の指示を待つことなく、これらのスローガンに則《のっと》った施策を率先して行い、明石から全国へとやさしい社会を広げていくことに全力で取り組んできました。

街の風景が変われば、人の心も変わり始めます。市民が変われば、やさしさが街に広がり、それがやさしい社会の実現へとつながっていきます。

市長の仕事は、極論をいえば基本的に３つだけです。その３つとは、

①「方針」(ビジョン)を決めて
②「予算」をシフトし
③「人事」の異動(適正化)をする

これだけです。明石市の場合、ビジョンとして「子どもを本気で応援する」と決め、「子ども予算」を倍増し、子どもを担当する職員数を3倍以上に増やしました。いつも言っていますが、これらはすべて、市長が〝やる気〟にさえなればできることです。

私が自治体を運営する上で常に意識したのは、普遍性、効率・収益性、コスト、スピードです。

まず普遍性とは、「時間的普遍性」と「空間的普遍性」に分けられます。「時間的普遍性」とは、私が市長でなくなっても施策が続いていくということ。一方の「空間的普遍性」とは、明石市でできることは明石市以外の自治体でもできる。当然、国でもできるという意味です。今や明石市の代名詞ともなった「所得制限なし」の5つの無料化をはじめとする多くの施策は、私が市長でなくても、そして明石市以外の市町村でも、もちろん国でも実施できるものばかりです。明石市の施策を一過性のものにしないために、やるべきことを条例としてしっかり制定し、財源の裏付けも取っていく。この作業をずっと続けてきました。

効率・収益性に関しては、私が市長になってから明石市の仕事、人員などを見直した結果、兵庫県下29市の中でもっとも公務員数が少ない市（人口比率において）になりました。これは、人員の削減をめざしたからそうなったわけではありません。それぞれの仕事の内容を精査し、人員を増やすところは増やし、減らすところは減らすなど、「適時適材適所」の人事により役所の質を高めようとした結果、公務員数が少なくなっただけのことです。質の高い公務員が質の高い仕事をして、市民のために働く。効率・収益性は、この当たり前のことを追求していくだけで十分な結果が得られます。

自治体を運営する上での一番のポイントは「コスト」です。公務員に「税金を大切に使おう」と思っている人は正直あまりいません。簡単に言えば、「あればあるほど使う」のが公務員のやり方ともいえる。「市民からいただいた税金を大事に使おう」という動機が生まれるのは、役所の中で市長だけといっても過言ではありません。

明石市がなぜ「所得制限なしの5つの無料化」ができたのかといえば、立てた方針に則り、かつ時代の変化に合わせて、お金を使う場所を「こどもを核としたまちづくり」に振り向けていったからです。方針転換によって、お金を減らされた部門や業界は当然怒ります。ほとんどの政治家は、その怒りを買うのが嫌で動こうとはしません。でも私が方針転換をしたことで、明石市は赤字体質から黒字体質へと変わることができました。

最後のスピードについては、明石市では2021年度に27回の人事異動を行いました。「この部門にはこの人が必要だ」と思えば、私は躊躇《ちゅうちょ》なく人を動かします。最初は戸惑っていた職員たちも次第にスピード感に慣れ、スムーズに市政運営が行われるようになりました。

コロナ禍にあった2020年4月、市内のとある飲食店の方から「先月分の家賃が払えなかった。国や県の支援はまだなので、きっと今月分も払えない。このままだと店を畳まないといけなくなる」と言われました。そこで私は個人商店への家賃の緊急支援（上限100万円）を決め、4月21日から受け付け開始、初回の振り込みはその3日後の4月24日としました（その後は最短2日で振り込むようにしました）。遅きに失してはいますが、国や県からの支援がそのあとにあることはわかっていましたから、私たちがすべきはスピード感あるつなぎ融資です。結局、このときに支援した店の件数は延べ585件、総額約1億8000万円でした。困っている市民に手を差し伸べるのが、行政の「使命・役割」です。今の総理大臣のように「検討」ばかりを繰り返すような自治体運営では、誰も救えません。

市長をしていた12年間、私にとって「結果責任」がすべてでした。〝言い訳〟をするのが政治家の仕事ではありませんし、〝検討〟ではなく〝実行〟して国民に「結果」を示してこそ、政治家の存在意義があります。今の日本は、せこい〝政治屋〟はたくさんいても、本当の〝政治家〟がいない危機的状況なのです。

「全国初」はなぜ抵抗感が強いのか

「5つの無料化」のうちの1つである「第2子以降の保育料無料化」は関西初、「児童扶養手当の毎月支給」「戸籍がない人への支援」は全国初、「ひきこもり相談センター」の開設、「中学校給食の無償化」は中核市初など、明石市では次々と「全国初」「関西初」などの「初」がつく政策を打ち出しています。

アフリカのルワンダの憲法を参考にして、明石市は全国初となる「あかしジェンダー平等の推進に関する条例」を制定し、2023年4月から施行しています。この条例は、市長選任の副市長や教育長など特別職が男女平等になるよう努めようというものです。

また、同年4月より国に先駆けて「児童手当の18歳までの拡充」（関西初）を実施するほか、養育費に関する法整備も国に先駆けて「こどもの養育費に関する条例」を制定（全国初）しました。いずれも明石市長として前々からやりたかったことで、退任間際となる最後の最後に具体化できて本当によかったと思っています。これも「グローバルスタンダード」や「世界の流れ」を強く意識しているからできたことですが、本来であれば国や他の市町村でもどんどん取り上げるべき政策です。

このように、市長就任当初から私はさまざまな「初」となる政策を発案してきました。初の取り組みというものは、警戒されたり端《はな》から相手にされなかったり、あるいは抵抗を受けたりと、すんなり事が運ぶことはあまりありません。

よく言われますが、日本人は「村社会意識」が強く、これが初物をなかなか受け入れられない要因のひとつになっています。とくに、役所に勤める公務員にはそういった意識の強い人が多い。「初」の何が市役所の職員の意識に反するのか。私の考える「反するポイント」は3つあります。

①　お上意識に反する…国からの指示ではないから。
②　横並び意識に反する…他ではやっていないから。
③　前例主義に反する…過去の通りやっていくのが一番だから。

私が新たな取り組みを役所の職員たちに訴えても、最初は抵抗が強く、大変でした。しかし徐々に「初」の取り組みにも慣れていき、それが人口増加や税収アップなどの実績につながっていったことで職員たちも自信を持って仕事に取り組むようになりました。

今では、明石市の職員たちはもはや「初」であることも意識せず、各自が情報を集め、工夫しながら「明石市に必要な施策は何か？」を考え、実行しています。職員採用試験も年々志望者が増え、民間企業からの転職も増加しています。

職員の発案により、2021年度から市内の学校、女性が立ち寄りやすい施設などに生理用品を無償で置いています。これはニュージーランドでやっていることに倣ったもので、県内では初の取り組みです。

このように、市長発だけでなく、職員発の施策も年々増えてきました。先述したように、明石市にとってそれが「初か否か」はまったく関係なく、「市民に必要とされる施策を実行していこう」という流れになっています。

明石市では全国初の「犯罪被害者への賠償金の立替支援金制度」も条例化（「明石市犯罪被害者等の権利及び支援に関する条例」）しており、さらなる充実化（上限を300万円から1000万円に）を図ろうと、条例改正案を2023年の3月議会に提出しました。すると、議員の中にも先述した3つのポイントに当てはまる方々がいて、1000万円を300万円に戻す条例修正案を提出されてしまいました。泣き寝入りを強いられている犯罪被害者を救うことに、なぜ反対するのか。私にはまったく理解できません。

子育て施策は、「未来施策」に軸足を置く

「子どものための施策」というと、「恵まれない子どもたちに愛の手を」的な発想に偏りがちです。もちろん、明石市でもそのような「救貧施策」を実施してはいます。コロナ禍において、国よりも先に行った「ひとり親家庭に、さらに5万円」などがその実例です。「救貧対策」には何よりもスピード感と的確さが求められます。

一方、私が市長に就任してから続けてきた子ども・子育て施策では、よりよき社会をつくるための「未来施策」にも順次取り組んできました。緊急性の高い「救貧対策」と長期展望に則った「未来施策」をうまく織り交ぜながら市政に取り組む。それが結果として、少子化対策や経済対策へとつながる好循環を生んでいます。

残念ながら、与党は支持率を上げたいからか「救貧施策」のほうばかりに目を向けています。しかもそのスピード感たるや、私から見れば超スローボールのごとき施策ばかり。これではよりよき未来をつくることなど到底できませんし、不景気にあえぐ日本経済を上向かせることも不可能と言わざるをえません。

政治家、とくに集団のトップに立つ人間は、機を見るに敏でなければなりません。私は、子育て支援のための予算を倍にして、子どものいる家庭の負担軽減を図るための施策を絶え間なく繰り出してきました。それらの施策効果によって、税収は２０１３年度から8年で32億円増え、市民の生活満足度は関西圏で1位、全国で2位にまで高めることができました。

今の明石市をつくってきたのは「所得制限なしの5つの無料化」をはじめとするさまざまな「子育て施策」です。これらの「未来施策」を継続的に行うことで市民に安心感が生まれ、その安心感が市の発展へとつながっていったのです。国が得意とする現金ばらまき型の「救貧対策」ばかりを私がもし行っていたら、明石市の今の好循環はなかったと断言できます。

そもそも、明石市が行っている子育てサービスの無償化策（医療費、保育料、給食など）は本来、国が行うべき施策です。自治体が取り組むべき施策は、「おむつ定期便」などの寄り添い型の施策です。しかし、今は国がやることをやっていないので仕方がなく、各自治体が自腹で医療費や保育料の無償化に取り組んでいるのが現状です。

国がある意味短絡的な「救貧対策」ばかりを行うのは、与党が支持率を獲得したいがためです。それらは単なる選挙対策にすぎません。選挙のための政策ばかりだから、政策合理性を逸脱してしまうのです。本当に国の繁栄、国民の幸せを望むのであれば、頬を札束で引っぱたくような1回限りのばらまきの政策ではなく、国民に継続して安心感をもたらす「未来施策」をどんどん実施すべきなのです。

子どもが発見されていない国、日本

教育哲学を専攻していた大学時代、私が一番影響を受けたのはフランスの思想家、ジャン＝ジャック・ルソー（1712〜1778）です。ルソーは、人間は生まれながらにして自由と平等の権利、すなわち「自然権」を持ち、それが侵されないために社会と契約を結ぶという社会契約論を提唱したことでよく知られています。また「子ども」という概念を発見したことでも有名です。著書『エミール』を通して、ルソーは当時のフランスの教育を批判、子どもの自由や人格を尊重し、子どもの自然な成長を促すことが教育の根本だと主張しています。

ルソーが発見するまで、世界には「子ども」という概念がなく、子どもは、〝小さな大人〟〝足らざる存在〟とされていました。子どもという存在は、大人になるまでの過渡期にすぎず、未成熟な人、中途半端な人と考えられていたわけです。しかし、ルソーは大人という概念とあわせて「子ども」という概念を発見しました。

「子ども」は〝小さな大人〟でも〝親の持ち物〟でもありません。「子ども」は「子ども」です。ルソーが子どもという概念を発見して以降、ヨーロッパは人権意識の高まりもあって社会的に子どもの存在も認められていきます。しかし、日本にその波は訪れませんでした。人権後進国ともいわれる日本にとって、子どもは今でも〝足らざる存在〟であり〝親の持ち物〟のままです。親が離婚するとなれば、子どもの意思に関係なくどちらかの側に連れていかれるのが当たり前。ルソーの生誕から300年以上がたつのに、日本はまだ子どもという概念が発見されていない国のままです。

ルソーを勉強していた私は、日本の置かれた状況があまりにもひどいことに気がつきました。40年前の日本は、子どもに費やす教育費が欧米諸国の半分くらいしかありませんでした。「子どもにかける予算が世界の平均以下であるのは異常だ。こんな日本社会に未来はない」と憤りとともにレポートを書いたのは、20歳のころです。

日本はかつて大家族が多く、親子三世代で暮らす家がほとんどでした。大勢でひとつ屋根の下で暮らしているため、離婚したとしても、障害のある子が生まれたとしても、子どもの面倒を見てくれる家族、親族が近くにたくさんいました。行政が子どもの面倒を見なくても、ほとんどの家庭の生活が成り立つ社会です。そういった時代が長く続いたので、政府は子育て支援や社会福祉にお金をかけなくなりました。

今の日本の家族形態は核家族がメインです。かつてのような大家族、村社会ではなくなっています。グローバルスタンダードに則り、手厚い子育て支援をしていかないといけないのに、残念ながら政府のやっていることは40年前に私がレポートを書いたころとあまり変わっていません。しかし、明石市はもちろんのこと、地方自治体発で「子どものための政治」が今、動き始めています。あとは日本が没落しないためにも、国は一刻も早くその流れに沿った政策を実行するしかないのです。

みんなでみんなを支えていく街にする

私は市長になったときから「①すべての子どもたちを、②まちのみんなで、③本気で応援すれば、④まちのみんなが幸せになる」と言い続けてきました。対象は「すべての子どもたち」。貧しい子も裕福な子も、そこに垣根はありません。明石市はひとりの子どもも取りこぼさず、すべての子どもを幸せにする。その本気度を示すためにはやる気だけでなく、ちゃんとした予算もつけなければなりません。子どもたちを幸せにすることが、ひいては明石市に住む人みんなを幸せにする。私はそう信じています。

「まちのみんなで」というのは、私や役所の職員だけでなく、明石市に住むすべての人のことを意味しています。若い人も、お年寄りも、みんなで子どもたちを応援し、みんなをみんなで支えていく。「オール・フォー・オール」の理念がここにあります。

「本気で応援」は、経営効率を求めるような「選択と集中」という方法を用いることなく、「やれることはすべてやる」という強い意志の表れです。

最後の一文「まちのみんなが幸せになる」。これは、その効果はすべての市民に享受されるべきもの。みんなでみんなを応援すれば、みんなが幸せになるんだという理念を示しています。誰かの幸せは、誰かの犠牲の上に成り立つものであってはいけない。「私が幸せになるために、あなたは我慢して」という方法は絶対に長続きしません。時間はかかるかもしれませんが、みんなでみんなを応援すれば、みんなが幸せになり、それがいつまでも続く。そういうストーリーを、私は大義として掲げています。

またこれは、ＳＤＧｓの目標、サスティナブル（明るい未来につながる持続可能な街づくり）、インクルーシブ（年齢、性別、国籍、障害などにかかわらずすべての人が安心を感じられる〈明石市はインクルーシブ条例（「すべての人が自分らしく生きられるインクルーシブなまちづくり条例」）を２０２３年に制定〉）、パートナーシップ（市、市民、事業者が一丸となって目標に取り組む）をそれぞれ明石市として表現してもいるのです。明石市は２０２０年、国から県内で初めてＳＤＧｓ未来都市に選定されています。

「はじめに」で述べましたが、私の弟には生まれつき障害があり、何もしてくれない行政に対して感じた理不尽さが、私が市長を志すひとつのきっかけになりました。障害のある弟とともに生き、世の中の理不尽さを嫌というほど味わいました。思い出したくもないあからさまな差別もたくさん経験しました。そうして、子どもながらに「人は本質的にやさしくない」と悟りました。

人は簡単にやさしくなるわけでありません。だから、市長となった私は「みんなでみんなを応援」できるようになるにはどうしたらいいのか、どうすれば人はやさしくなってくれるのかを考えました。そして、辿《たど》り着いたのが、「人は儲かったら（得をしたら）やさしくなる」という心理です。身もふたもない考え方に聞こえるかもしれませんが、これは、自分自身の生い立ちから来ているリアリティであり、真実です。

たとえば、高齢者や障害があって車椅子を利用している人が「このレストランを利用したい」と思ってもスロープがなければ店に入れません。そのレストランにスロープをつけてもらうには、車椅子の人が利用したら儲かる仕組みをつくればいい。だから、明石市ではスロープを造る費用を全額市で肩代わりして、飲食店の負担はゼロにしています。さらに市が「このお店はスロープがついているので車椅子でも利用できますよ」と広報紙などで宣伝する。そうするとレストランは利用者が増え、さらに店の評価も高まります。そういった店が増えれば「ではうちも」と他の店もバリアフリー化に興味を持ち始めます。このように、みんながハッピーになれるような仕組みをつくれば、人はおのずとやさしくなっていきます。

今では全国各地で見られるようになった「こども食堂」も、明石市が全国に先駆けて初めて全小学校区に設置しました。また最初は「こども食堂」でのスタートでしたが、今はあらゆる世代が利用できる「みんな食堂」も市内各地で稼働しています。

みんなに幸せになってもらうために、あらゆる世代に向けたサービスを提供している明石市ですが、そんな現状を知らない部外者は「明石市は子どもばかり優遇して」と言ってきます。

しかし、明石市は高齢者向けに「バス代（コミュニティバス）の無料化」や「認知症診断費用の無料化」の他、「ショートステイ1泊分、ヘルパー10回分、宅配弁当20食分の無料化」などのサービスを提供しています。高齢者や家族に喜んでもらえる施策も、このようにたくさんあるのです。

潮目は、シルバー民主主義から子育て民主主義に変わった

２０１９年3月に行われた明石市の市長選で私は8万７９５票を獲得し、２人の対立候補を退けて3回目の当選を果たしました。私の得票率は70・４パーセント。７割を超える得票に驚くと同時に、責任の重さをひしひしと感じました。

このときの選挙戦での手応えと大勝という結果を受けて、私は時代が一気に変わり始めたことを実感しました。選挙戦の最中、選挙カーで市内を巡れば小さなお子さんを連れた家族が「がんばってください！」と声援を送ってくれました。期日前投票の投票所にはベビーカーを押す有権者が行列をつくり、結果として７割を超える得票でしたが、30代だけで見ると得票率は９割でした。子育て層が大挙して投票所に訪れ、この私に投票してくれたのです。

私に投票してくれた30代の親の中には「初めて選挙で投票した」という人もたくさんいました。これまでは、年配の親が息子や娘に「あんた投票くらい行きなさい」と言っていたのが、逆にこの選挙では息子や娘たちのほうから「泉さんに入れてね」と親に言うよう

になった。この逆転現象を見て、時代の潮目が「シルバー民主主義から子育て民主主義に変わった」ことを実感しました。そういう意味で、2019年の市長選は歴史的な選挙だったといえます。

その後、明石市の子育て支援施策の評判が県内に広まり、明石市周辺の市長選の様相も変わっていきました。2022年3月の西宮市長選挙では、現職候補の石井登志郎市長が「こども医療費無償化」などを公約に掲げ当選。同年11月の尼崎市長選も2名の候補者ともに子育て支援のさらなる充実を訴え、稲村和美前市長から後継者指名を受けていた松本眞《しん》さんが初当選を果たしました。

子育て支援が選挙において重点化するという流れを受け、県内の市長選は明石市のような子育て支援政策を訴えないと当選できなくなっています。明石市の「こどもを核としたまちづくり」の広まりは今なお加速しており、県内のみならず大阪をはじめとする関西圏、さらに全国へと飛び火しつつあります。

明石市の隣の神戸市は趣がちょっと異なります。現在3期目を務めている久元《ひさもと》喜造《きぞう》市長は子育て政策における「無料化」「無償化」に一貫して消極的な立場のようです。医療費に関しては「高校生まで助成を拡充する」など充実化は図っていますが、「一律無料の政策はよくない」という考えの持ち主なので明石市のような無料化、無償化には至っていません。

全国市長会は、国に対して「医療費の無償化」を提案しています。しかし、指定都市市長会の会長である久元市長はその提案の反対決議を上げました。「市民、国民に応分の負担を求める」というのがポリシーであり、政治哲学なのでしょう。しかしこれでは、時代遅れの、よくある中央省庁の官僚的な考え方と言わざるをえません。「シルバー民主主義」から子育て民主主義」へ、時代はすでに変わりつつあるのを久元市長にもご理解いただきたいものです。

人口増も税収増も達成したが、それは目的ではない

明石市は10年連続で人口増加を更新中で、２０２３年7月時点での人口は30万５４９８人と30万人を突破し、過去最高を更新中です。出生率も２０２１年に明石市は１・65となり、国の１・30を大きく上回っています。ただ、出生率に関しては政府の掲げる「希望出

生率の1・80」には届いておらず、胸を張れる状況にはないとも考えています。2021年の段階で出生率は国も〝過去最少〟、兵庫県も〝過去最少〟なのに、ともにやる気はまったく感じられません。国も県も脱少子化に向けて動こうとしない私たちの社会は、本当に危機的な状況にあります。

先述したように明石市は人口増、税収増、出生率アップなど、子育て支援策による好循環が続いています。でも、私はそれらを目標に掲げて市政運営を続けてきたわけではありません。人口増も税収増も出生率アップも結果的にそうなっただけ。私は常に「市民が何を求めているのか？　そして今、何をすべきか」を考えてやってきたにすぎません。

今、子育て層の世代のみなさんのしんどさはマックスになっています。給料は上がらず、物価は上がり負担ばかりが増え続ける。「子どもを産み、育てるのがこんなに大変なんて」とみなさん悲鳴を上げています。

私は、市民のそういった悲痛な声を受けて施策展開してきただけにすぎません。少子化対策や人口減対策は別に間違っていませんが、市政の本質ではないというのが私の考えです。

私が市長になってから12年のうち、最初の5年はあまり手応えがなく、その後の3年で市民が少しずつ市政を評価してくれるようになりました。そこから退任までの4年は市民はもちろん、全国的にも明石市の市政が注目されるようになりました。

市長就任から3年目に明石市は人口増へと転じましたが、市民から高い評価を受けた実感はまったくありませんでした。人口増になっても市民の立場からすれば「渋滞が増えるだけ」「満員電車になって大変」ですから、当然といえば当然です。人口増も税収増も喜ぶのは行政マンだけであって、多くの市民にとっては「NO」なのです。

では、子育て世代の方々はどうしたら喜んでくれるのか？ それは給料が増えたり、生活の負担や不安が減ったりすることに他なりません。これは全国どこでも同じだと思います。でも市政では、市民の給料を増やすことはできませんから、私は「負担軽減」を真っ先に取り組むべき政策に掲げ、それを実行してきました。

政府は「少子化対策」や「人口減対策」をお題目のように唱えるばかりで、実のある政策をなかなか実行しません。

多くの国民が苦しんでいる今、有権者が投票するのは「少子化対策してくれる人」や「人口減対策をしてくれる人」ではなく「苦しい生活を少しでも楽にしてくれる人」です。日本の政治家たちは、もっと国民に寄り添い、今この瞬間の「生活リアリティ」を感じなければいけないのに、既得権益に塗《まみ》れ、国民のことなど少しも考えていません。

「市長は市民の代表」というのが、私の一貫したスタンスでした。市長は、特定の政党や業界団体のためではなく、市民のために存在しています。市民目線で市民のために全力を尽くすのが市長なのです。市長になる前から、そして市長を退いた今でも、私は本気でそう思っています。

第2章 「明石モデル」をつくれた理由

明石市にはできて、国にできない理由

「トップがやる気になればできる。できないのはトップのやる気がないから」

ツイッターなどで私がよく記す言葉です。この言葉には「明石市にできることは全国どこの自治体でもできる」という意味と、「明石市にできることは国でもできる」という2つの意味があります。

「明石市にできることは全国どこの自治体でもできる」は、文字通りの意味と理解していただいて構いません。明石市程度のことはやろうと思えばどこでもできる。ただ、市町村ごとに置かれた状況が違う以上、同じことをしたから同じ効果が得られるとは限りません

し、真っ先に取り組むべきこともそれぞれに異なってくるはずです。明石市はベッドタウンなので、子どもに特化した政策が非常に効果的でしたが、過疎化が進む市町村であれば推進すべきは子育て支援よりも産業振興や移住支援事業などのほうです。

一方の「明石市にできることは国でもできる」には、こういった意味があります。

かつて、国と地方自治体ではトップの権限に制度上の違いがありました。地方自治は首長制ですから、アメリカの大統領のようにトップは強力な権限を持っています。第1章で述べたように、市長は人事権と予算編成権を持っています。場合によっては「専決処分」を用いて議会の議決を経ることなく、やるべきことを実行することもできます。

しかし、国は議員内閣制なのでトップである総理大臣には原則として大統領ほどの強い権限はありません。だからこそ、日本は「派閥政治」が幅を利かせてきました。ところが、「人事の天才」と言われた小泉純一郎首相が2001年に登場してから、その流れが劇的に変わっていきました。2014年には、当時の安倍晋三首相が内閣官房に「内閣人事局」という新しい組織を設け、省庁の幹部の人事をまとめて管理するようになりました。

こうして総理大臣は閣僚の罷免権に加え、官僚たちを移動させられる力も持ったため、今や自治体の首長のように予算をシフトすることも可能です。安倍政権が7年8カ月に及ぶ「最長政権」となったのも、人事権をフル活用して官僚を統治したからに他なりません。

このように、現在の総理大臣は首長並みの権限を持っています。だからこそ、私は「明石市にできることは国でもできる」と方々で事あるごとに発言しているわけです。問題なのは、その権限を既得権益のために使うのか、国民のために使うのかということ。残念ながら昨今の総理大臣の言動を見るに、権限を「国民のため」に使っているようにはとても思えません。

先にも述べましたが、私が「明石の市長になって冷たい社会をやさしくするんだ」と思ったのは10歳のときでした。その後、より具体的に市長をめざすようになったのは20代になってからです。権限のない国会議員になっても大きな仕事はできない。それよりも、市長になって世の中が思い込んでいる「できない」を「できる」に置き換えていく。それが自分の使命であり、私がこの世に生きる意味だと確信していました。一時期、私は国会議員をしていたこともあり、その経験はもちろん今に役立っていますが、市長をめざす気持ちは一貫して持ち続けていました。

最重要の2つの権利を実行しない首長たち

前に述べた通り、市長は人事権と予算編成権という2つの権利を持っています。ところが、全国を見回してみてもその権利を行使している市長はほとんどいません。もしかしたら、この私が全国で唯一の存在だったかもしれません。

私が市長になるまでの明石市の人事権のほとんどは、人事当局（総務局職員室）が握っていました。人事当局が人事をして、最後に判だけ市長に押させる。場合によって市長の要望が受け入れられることもあったようですが、それでも数名が受け入れられれば上出来という状況だったようです。これは明石市だけの話ではなく、他の市町村も似たり寄ったりの状況といえます。

2011年、市長に就任したばかりの私が人事権を行使しようとしたところ、「市長には、人事権は実質的にはありません」と人事当局から激しい抵抗を受けました。各部署の部長人事ですら「市長に部長人事権は数名分しかありません」と言われる始末。「えっ、どういうこと?」と聞くと、多くの部署は年功序列ですでに次期部長は決まっているから私の指名する余地はないというのです。

流れ作業で人事が決められるような状況の中、59歳にしてやっと部長になった人が本当に優秀な人材なら私も文句は言いません。しかし、単なる順番待ちで部長になった人に何を期待したらよいのか。役職にふさわしい志も長期展望もない、退職まであと1年の部長に、10年後の活気あふれる明石市を考える能力、さらにそれを成し遂げる実行力があるとはとても思えません。

予算案にしても各課、各部で若干抑えながら調整されたものが市長のところに上がってきて、市長である私のすることといえば人事と同じく、判を押すだけの状況でした。要するに人事にしろ、予算にしろ、市長が目にする段階ではすでにすべてが決まっている。市長に口を挟む余地を与えないこういった役所のやり方は、明石市に限らず全国どこでも似たり寄ったりの状況です。

市長が2つの権限を行使しようとすれば、職員からものすごい反発、抵抗を受けます。ですから、実際にそれを行使したことのある市長は全国でもほとんどいないはずです。でも私は12年の任期の中で、関係部署に抵抗を受けても市民の望むことを実現すべく働いてきました。抵抗を受けようが、脅されようが、嫌がらせを受けようが、「やさしい街をつくる」という志を貫く一心で、誰にも屈することはありませんでした。私にできたのですから、他の市町村の首長にも2つの権限を行使することは必ずできるはずです。何度も言いますが、「やる気になればできる」ことなのです。

副市長とはいかなる存在か

市役所には市長を補佐し、時に職務を代行する役割を担う副市長という役職があります。いったん公務員を辞めてから就く特別職です。字面だけ見ると「市長をサポートする人」と多くの方が思われるかもしれません。しかし、地方自治を構造的に捉えた一般論として話せば、副市長は市長にとっての最大の抵抗勢力にもなりうる存在です。

副市長は市の職員の代表であり、なおかつ議会と市長をつなぐパイプ役、調整の窓口といってもいい。つまり、基本的に副市長は職員の側の人間であり、議会（多数派）の側の人間です。

簡単にいえば、議会にとって副市長は自分たちの子分のような存在であり、役所職員からすれば自分たちの親分のような存在、となります。

　議会の多数派が推す人が市長になれば、市長と副市長が対立する構造にはなりません。しかし、私のように支持母体となる集団を持たない（私の支持母体は市民です）人間が市長になると、当然副市長は組織防衛に走ります。とりわけそれまでの市役所のやり方を根底から覆そうとする私のような市長であれば、組織の抵抗はより激しくなります。

　私がもし既得権益のためだけに働き、職員や議員と仲よくしたいのなら、副市長はとても頼りがいのある存在になります。でも、私のように議会より市民を選び、職員より市民を選ぶと、副市長は必ずしも頼りがいのある存在とはいえなくなります。


　副市長の選任には、議会の同意が必要です。形式的には市長が「この人を」と提案しますが、実際にそれを許可するのは議会なので「この人にやってほしい」と私がいくら思っていたとしても抜擢《ばってき》人事を成し遂げるのは難しい。だから一般論でいう副市長は「庁内の人望のある人。簡単にいえば人事畑のトップ」が就くことが多いのです。

　明石市の副市長は2名いましたが、２０２２年の3月に任期途中で退任しました。そしてしばらくの間、副市長は空席のままでした。それから半年ほどたった9月、市の「子育て支援政策」をずっと担ってくれていた佐野洋子統括理事を私は副市長に指名し、議会の承認も受けることができました。

私は市長2年目に組織を再編して子ども関連の部署をつくったのですが、保健師の佐野さんを最初は課長にあて、すぐに次長、部長と役職を上げていきました。佐野さんが50歳のときの肩書きは「部長、次長、課長」の三役兼務です。その後、佐野さんはこども局長や福祉局長を務め、関連施策をいろいろと担ってくれました。

私が佐野さんを推し、議会の承認を得られたのは、ある意味明石市が変わってきたひとつの証左ともいえます。

やるべき仕事の優先順位をつける――マスト、ベター、メイ、ドント

「市民のために何をすべきか?」を常に問い、施策を考えていく上で私が大切にしていた考え方があります。これは予算の振り分けをするときにも用いたやり方でもあります。

それはすなわち、仕事を「マスト(must)」「ベター(better)」「メイ(may)」「ドント

(don't)」の４つに分けるということ。つまり、「しなければいけない仕事」「したほうがよい仕事」「してもしなくてもいい仕事」「してはいけない仕事」と優先順位をつけて考えていくのです。

たとえば、少子化や経済の停滞を考えれば、子育て支援策は「マスト」です。だから明石市ではその政策に真っ先に取り組んできました。これは世界でも同様の課題であり、グローバルスタンダードな政策ですが、残念ながら日本では「メイ」扱いされています。これはまったくおかしな話です。

公共事業には「ベター」なものが多いため、私はそれを３つの観点で整理していきます。１つ目は代替性、２つ目は緊急性、そして３つ目がコストバランスです。たとえば「新規道路の整備」であれば、交通の便がよくなる点で、新規道路は市民にとってもちろんあったほうがいいでしょう。しかし、「ベター」であるからといってすぐに実行する必要はありません。代替案を検討することで、もっと安く済むかもしれないし、緊急性がなければ１年先送りにしてもいい。コストについても、それだけの金額が本当に必要なのかどうか精査する必要もあります。「ベター」なものに関しては、この3つの観点から考えていくことが非常に重要です。

「メイ」は「してもしなくてもいい仕事」ですから、やったらいけないわけではないですが、今の日本に「どっちでもいい仕事」に手を出している余裕などどこにもありません。でも国の実情をつぶさに見ると驚くほど「メイ」の仕事だらけ。国がやっているこれらの余分な「メイ」の仕事をやめるだけで相当な資金が生まれるはずです。

「ドント」については、私から見ると、国にも、県にも「ドント」のカテゴリーに入る仕事はたくさんあります。当然、私は市長として「ドント」はしないように指示を出してきました。しかし、私の見えないところで「ドント」が行われていた可能性はあります。

市政をスリム化、適正化し、予算を捻出していくには、今挙げた4つのカテゴリーの中では、「メイ」がとくに重要です。明石市は予算が不足しているので、「メイ」に当てはまる仕事はすべてやりません。今、国ではこれが不問にされていて、漫然と予算が膨らみ続けています。「メイ」をやめるだけで一気に財源は生まれます。意味のないことを徹底してやめることで、明石市は余分な仕事を削減し、予算を捻出してきたのです。

消防車1台が2億円の世界

前項で述べた優先順位の一例を挙げてみます。典型的なのは公共施設のエレベーターです。あるとき、役所の担当者が「このままだとエレベーターが修理できなくなるので、機械の交換が必要です」と言ってきました。詳しい理由を聞くと、修理部品の保有が10年で打ち切られるため、設置から10年たつとすぐに修理対応することが難しくなると業者に言われたといいます。

その理屈だと、10年たったエレベーターはすべて部品交換をしなければならなくなります。今はまったく問題なく動いているのだから、早急に部品を交換する必要はありません。前項の優先順位でいけば「ベター」に入る案件ですが、私は緊急性を感じなかったので「止まったら修理すればいいから、部品交換の必要なし。止まったらすぐに報告するように」との結論を出しました。

担当者はそれでも「止まったら市民が怒ります」とこちらの結論をなかなか受け入れようとしませんでしたが、私は「エレベーターが止まって、もし怒った市民がいたら、私がおんぶして抱っこして階段を上がるから大丈夫や」と言って話を終わらせました。結局、そのエレベーターはその後も何事もなく稼働しています。

役所の職員には、問題が起こることを過剰に嫌う「事なかれ主義者」が多い印象です。問題が起こるのが嫌、市民から怒られるのが嫌、そういった理由で業者の言うことを鵜呑《うの》みにして税金をムダ遣いする。私も市政に12年携わりましたが、このような役所の体質はなかなか改善されません。

消防自動車の価格を見て、目が飛び出るほど驚いたこともあります。私が市長になって最初に予算決裁したとき、消防自動車の項目がありました。桁が多過ぎて、私は「えっ、何？　消防車って1台2000万円もするの？」と担当者に聞きました。するとその担当者は「市長、違います。2億です」と言うのです。本当に驚きました。

消防車の中でもはしご車は特に高価格らしいのですが、なぜ2億もするのか。もっと安いはしご車はないのか。疑問はいくつも浮かびましたが、担当者はあくまで「適正な価格で落札されています」の一点張り。

市民の安全は何よりも優先すべき事項ですが、まだまだ元気に稼働している消防車を新たに2億円も出して買い替える余裕はそのときの明石市にはありませんでした。私は担当者に「消防車は長期的な視野で大切に使うように」と指示を出しました。

このように、役所の中には「世の中の非常識」が蔓延《はびこ》っています。これは明石市だけでなく、日本の自治体すべてにいえることなのです。

明石市はジェネラリストとスペシャリストを兼ねた職員を増やす

自治体の人事異動は、一般的に役所の業務内容や組織の再編などの変化に合わせて行われるため、年度末などに異動が多くなる傾向があります。しかし、明石市は2021年度に27回の人事異動を行いました。忙しい部署に人手をまわし、そこが落ち着いてきたら他の忙しい部署へとまわってもらうのです。

先に述べたように、明石市は人口比における公務員の数が県内で一番少ない自治体です。子育て支援策などでこれだけ全国的に知られるようになり、役所内でもかなりの仕事をこなしています。でも、だからといって職員の残業が増えているのかといえばそんなことはなく、逆に大幅に減少しました。職員には仕事の効率化を求め、管理職である部長や課長には部下の残業をしっかり管理してもらうようにしました。

効率よく仕事をこなし、働く人間の数も少なくなれば、おのずと総人件費は安くなります。そうなれば、その浮いた人件費を市民のために使うことができる。明石市はこのようなやり方を徹底してきたので、コストバランスは他の自治体と比べてもかなりいいはずです。

職員が個々の業務と完全にマッチングしているわけではありませんが、感覚的には人事異動を頻繁に行うことで多くの仕事を覚えることができているというプラスの印象があります。たとえば、明石市の駅前ビルの再開発にともない、入居が予定されていた役所関連施設も再編成しました。

具体的には図書館や子育て支援施設、市民サービスコーナーなどをつくったのですが、市民のためのスペースを広げた分、役所関連施設の面積は計画の10分の1に削りました。オープンするまでの5年間、職員には「面積が小さくなる分、職員の配置人数も減ります。これまでは1人1つだった担当業務でも、再開発ビルオープン後は1人で2つ、3つの業務をこなしてもらう必要があるので、それまでにできるようにしておいてください」とお願いしました。たとえば、住民票の発行だけをしていた職員に、年金、保険、障害者福祉など、他の業務も担当してもらうように指示したのです。5年の準備期間に職員たちは複数の業務を担当できるようになり、再開発ビルオープン後も役所の関連施設は順調に稼働しています。

また、明石市役所ではいろいろな業務をこなせるジェネラリストを増やす一方で、スペシャリスト（専門職）の採用にも力を入れています。

明石市では10人ほどの弁護士の他、福祉職、心理職、保健師など、多数の専門職も採用しています。他の自治体がこれらの専門職を特定の分野にのみ従事させるのに対し、明石市では専門職員に一般行政職も務めてもらい、1・5倍の仕事をしてもらっています。弁護士職員には一般行政職員として日常業務に取り組んでもらい、その代わり他の職員より1割から2割ほど高い給与を支払っています。このようにスペシャリストが1・5倍の仕事をこなしているので、役所のサービスが向上するのは当然なのです。

多くの自治体では、生活相談員やＤＶ（Domestic Violence）相談員といった福祉職は非正規雇用で給与が安い一方、正規雇用の一般行政職の給与が高い傾向にあります。専門性を持つ職員が安い給与で雇用されていることは誤りであり、このようなシステムは世界でも日本だけです。私はこれを是正すべく、ＤＶ相談員のような専門職を一般行政職に加えた形で採用し、給与も同レベルかそれ以上になるようにしました。

反対することで存在意義を示す議会

優生保護法（１９４８〜１９９６）の下では、障害などを理由に不妊や中絶の手術を強いられるという被害を受けた国民がたくさんいました。２０２１年９月、私はそれらの被害者とその配偶者に対し、それぞれ３００万円を支給する条例案をつくって市議会に提出しました。

国は、２０１９年に旧法の下で不妊手術を受けた人たちに一律３２０万円を支給する「一時金支給法」を施行しています。ただ、私はその程度の救済措置ではまったく不十分だと考えていました。しかも、裁判所は相変わらず障害者には冷たい。そこで明石市の条例では、支給法の対象外となっている中絶手術を受けた人、さらに手術を受けた人の配偶者も支給の対象に含めました。

私は被害を受けた人たちへの穴埋めをしたい一心で、この条例を提案しました。この動きが、他の自治体にも広がることを期待していたところもあります。するとマスコミは「自治体によるこのような被害者支援条例は全国でも異例」と取り上げ、市議会でも相当な反発を受けることになったのです。自民・公明の議員にも「特定のごく少数の人たちだけを救うのはおかしい」「他にもっと困っている人がたくさんいる」と反対されました。

「こんな当たり前の条例に、なぜ反対するのか?」。その理由をこれからお話しします。

かつて、市長（行政）は市民から見ると遠い存在でした。市議会議員は、そんな「市長と市民」のパイプ役となって、両者をつなげる重要な役割を担ってきました。

しかし今は「市長への意見箱」もあるし、SNSなどの発達で市民と市長はダイレクトにつながっています。昔はパイプ役として活躍できた市議会議員も、今はそのような機能を果たせなくなっている。そうなると、自らの存在意義を示すのは既得権益を守るか、無党派である市長の評価につながる意見に反対することくらいしかありません。反対しても通らず、反対したことが広く知られれば、場合によっては市民から反感を買うこともある。そうやってますます「泉憎し」になっていくわけです。だから彼らはまるで嫌がらせのように、私の提案に反対するのです。

「障害者への支援」は私が市長になろうと思ったきっかけでもあり、政治家としての原点、いわばライフワークです。反対を受けるのは承知の上で臨んだ市議会でしたが、提出1回目は否決され、2回目は審議すらしてもらえませんでした。

3回目の提出をどうすべきか考えていたとき、明石市の障害者団体の方々が私に「市長はもう動かないでください。市長の顔が見えると反対されるから、私たちが反対派議員を説得します」と言ってきてくれました。団体の方々が反対する議員の説得にまわっている間、私は言われた通り大人しくしていました。すると、3回目の提出でやっと、条例は賛成多数で可決されることになったのです。

この「優生保護法被害者等の尊厳回復及び支援に関する条例」は、まさに市民がつくった条例だと言っていい。市民が立ち上がり、市民の力で勝ち取った条例です。条例が可決したとき、私は市民と明石の街を本当に誇りに思いました。「明石市はやさしい街にどんどんなっていっている」。このやさしい社会を明石市からもっと広げていかなければならない。全国に、この動きを広めよう。そう思い、私は可決直後にツイッターを始めました。以来、「明石市のまちづくりの理念」や「こんな取り組みをしています」と発信を毎日続け、今では明石市の動きが全国に広がってきたことを実感しています。

「サイレントマジョリティ」の市民と「ノイジーマイノリティ」の議会

先に述べた「明石駅前ビルの再開発」ですが、計画を作成する際には市民に「どんな施設を入れてほしいですか?」とアンケートを取りました。その結果、1位は図書館で、2位が子育て支援施設でした。これは私の読み通りでした。

国が的外れな政策ばかり繰り出すのは、国会議員や官僚が国民にまったく寄り添っていないからです。私はキャラクターこそ強烈ですが、考えていること、目線は一般市民と同じです。「市民のニーズは何なのか?」を考えることは、私にとってそれほど難しいことではありません。

私が市長になる以前の駅前ビル再開発計画において、行政が真っ先に外したのが図書館であり、子育て関連施設でした。「金のない時代に本はいらない」「高齢者は大事にするけど、子どもは大事にしない」「図書館も子育て関連施設も採算が取れない」というわけです。

私が就任する前の市長も、議会も、考え方が本当にずれているとしか思えません。「そんなものを造っても票にならない」という固定観念があったのでしょう。図書館や子育て関連施設を計画から外すことは、彼らにとっては当然のことだったのです。

このように考えると、「サイレントマジョリティ」である市民意識と「ノイジーマイノリティ」である議会の考え方が合致するはずもなく、この状態が続けば市民との距離は離れていくばかりです。

私が明石市の市民に支持されたのは、常に「サイレントマジョリティ」の側に立っていたからだと思います。既得権益や業界団体ではなく、普通に暮らしている市民のほうを必ず向いていた。どんなにしんどい状況であっても、絶対に既得権益層や古い勢力である「ノイジーマイノリティ」には、こちらから近づかないと心に決めていました。変に近づいて少しでも迎合してしまえば、せっかく「サイレントマジョリティ」の応援をもらって市長に選ばれたのに、それを裏切ることになります。

普段の生活で市に対して「こうだったらいいのに」と思うことは私自身もたくさんあります。私はそれを1つずつ形にしてきました。いい例が、市長になって真っ先に取り組んだ年末のゴミ収集です。

たいていの自治体では、年末のゴミ収集は仕事納めである12月28日ごろに最終となります。そして年明けは1月4日ごろから収集開始となる。そうなると年末休みに入ってから大掃除をした家は、年明けの4日ごろまでゴミを家で保管しておかなければなりません。私は一市民として「なんで大晦日《おおみそか》にゴミを集めてくれないんだろう？　大掃除を休みに入ってからする人もたくさんいるだろうに……」とずっと思っていました。

市長になってすぐ、私は「ゴミの収集は31日まで。特別手当も出します」と役所に提案しました。すると、収集する人たちも休日手当に加えて特別手当も出るならと積極的に手を挙げてくれ、すぐに実現にこぎつけました。もちろん、この取り組みが市民から高く評価されたことは言うまでもありません。

私が考えた施策の多くは、生活リアリティから発想が生まれています。日本の自治体の政策が市民からあまり評価されないのは、職員も議員も着眼点がどこかずれているからです。あるいは、感覚が麻痺《まひ》してしまっていると言ってもいいかもしれません。みんなの感覚が麻痺しているから、自分が麻痺していることにまったく気づいていないのです。

その点、明石市の職員たちの感覚、役所の体質は少しずつ変わってきています。おかげさまで、暴言市長というキャラクターが知られたあとも職員募集の応募者数は増え続け、ずっと過去最高を更新している状況です。また、応募者には民間で働いていた経験のある人の応募が多く、こういった傾向も役所の体質の変化に確実につながっています。

市民と市長の距離が近づくことで起こるハレーション

２０１１年、市長に就任したばかりのころ、28ある小学校の学区単位で各地域をまわり、翌年は13ある中学校区ごとに場を設けるなど、市民の生の声を現場で聞いてまわりました。市長である私が各地に足を運んで市民の声を聞くという行為は、「市長が話を聞いてくれる」「私たちも意見を言っていいんだ」と市民に対して市政に興味を持ってもらう、あるいは市政参加の機運を高める意味があります。

また、「市長への意見箱」に寄せられた意見は、１週間分をまとめて受け取った上で、すべての意見について私自身が必ず目を通すようにしていました。多いときには週に１００通を超えることもあるので、すべての意見に対して個々に返信はしていませんが、参考となる意見については担当部署に指示をして改善などに努めていました。

市民とダイレクトにつながるという意味では、ツイッターなどのＳＮＳも大いに活用しています。私は市民目線で市政運営を進める上で、市民とダイレクトにつながること、直接意見を伺うことを何よりも大切にしてきました。その甲斐あって、明石市民は、「市長に意見を伝えれば街が変わる」ということをリアルに感じてくれています。

子育て支援策の１つとして行っている「子育てモニター制度」も、市民の声を直接聞くために設けた政策です。これは子育て中の保護者や妊娠中の方から困っていること、市に望んでいることをスマホなどのツールによって意見してもらうもので、「おむつ定期便」などもこの制度がきっかけになりました。

市長として、市役所の中だけで仕事をしていたら市民の生の声、サイレントマジョリティには会えません。市役所にいる私をわざわざ訪ねに来られる方々は、公共事業にかかわっていたり、地域や団体の代表だったりして、そこから発せられる言葉は純粋な「市民の意見」とはちょっと違います。多くの自治体の首長は、役所にわざわざ陳情にやってくる人たちの意見を「市井の人々の意見」として捉えてしまうため、一般庶民の感覚からどんどんずれていってしまうのです。

「市長への意見箱」に「こんなことを市役所に言っても聞いてくれないから、市長に直接言います」という書き出しで意見をくれる方もいました。市民の側からすると「市役所と市長は別」と思っているわけです。もちろん、多分にヨイショ的な意味合いもあるのでしょうが、「市長は自分たちの味方」だと思ってくれている明石市民が多いことは実感していました。

一方で、市長と市民の距離がこのように縮まることを快く思わない市議会議員もたくさんいました。議員たちは私が市民と直接語り合う市民懇談会を開いたりすると、「市民と話をするな、ワシらの仕事を取らんといてくれ」とクレームをつけてきたりするのです。議員の仕事は市民の声を行政につなぐ、いわば橋渡しの役割を持っています。私が市民に向き合う姿勢は、彼らの仕事を邪魔しているように感じるのでしょう。

高度経済成長期であれば、市民の要望を受けて潤沢な予算を引き出してくることが議員に期待される大きな役割でもあったのですが、もはやそういう時代ではありません。議員の仕事は予算をどれだけ分捕るかではなく、むしろ逆にこれまで続いてきた行政サービスを止めることを理解してもらうようなことを地域や業界団体に説得しなくてはいけない方向に変わっています。

とある議員は自分の支持者が保険料を滞納した際、市から滞納請求書が届いたといって激怒していました。保険料や税金の滞納、市営住宅の家賃滞納などに対して担当職員にクレームをつけたりしていたのです。もちろん、そうしたことは市の弁護士職員を使ってやめさせました。

かつて市民と遠い距離にいた首長がいた時代と違って今は、ツイッターで直接市民と市長がやり取りもできれば、意見箱もあります。口利きできる事柄の数もスケールもかつてと違って小さくなっていく昨今の環境は、議員たちの存在価値を薄める一方です。特定の市民の便宜を図ることよりも、生活上次々と起こる問題の解決を助力することにしっかり軸足を置くことが今の議員の役目に変わったのです。

わがままのすすめ

歴史学者であり、元参議院議員でもある羽仁《はに》五郎さん（1901〜1983）の言葉に「真理は少数にあり」というものがあります。新しい時代は、ごく少数のニーズや思いから始まるものです。つまり、時代が変わるとは、少数派が多数派に入れ替わることでもあります。

私の考えでは、未来は少数派の「わがまま」の中にある。逆に言えば、私にとって多数派のためだけに政治をするのは「未来をつくらない」ことになります。

時代の変化は、ある人の「困った」とか「これはおかしい」という思いから始まります。アメリカの公民権運動も、黒人女性が満員のバスに乗っていたところ「黒人は白人に席を譲れ」と運転手に言われ、それを拒否して逮捕されたことがきっかけで始まりました。

多数派は、少数派の素朴な疑問を「わがまま」のひと言で切り捨てようとします。しかし、世界の歴史を見ても明らかなように、時代は少数派が多数派に置き換わることを繰り返して変化してきました。少数派の意見も、時代の潮流に乗れば多数派になる可能性がいくらでもあるのです。

私が大学1年生のとき、鈴木健二さんの『気くばりのすすめ』(講談社、1982年)がベストセラーになりました。このとき、私は大学の冊子に「わがままのすすめ」という記事を書き、この中で「気配りより、少数派が主張するわがままのほうが大事」と主張しました。私にとって気配りというのは、目の前にいる相手や、多数派に合わせることを意味するからです。

「はじめに」で記しましたが、私が少数派の側に立って物事を考えるのは、自分の弟が障害者だったことに由来しています。みんな同じ社会に生きているのに、多数派は居心地がよくて、少数派はしんどい思いをしている。毎日そんな「陰と陽」の世界を行き来していた私にとって、いびつなこの社会のあり方がとてもまともだとは思えませんでした。なぜ、障害者を分けて考えないといけないのか。みんな一緒でいいではないか。それが子どもだった私が最初に感じた素朴な疑問であり、憤りでした。

少数派を存在しないかのように扱うことを平然と続けている社会、そんな当たり前を変えたい。小学生だった私は、幼いながらも胸の内にこうした熱い思いを抱くようになりました。怒り、憤りから発せられた復讐心《ふくしゅうしん》にも似た思いが、私を政治家にした原点といっても過言ではありません。「わがままのすすめ」を18歳の私が記したのは、理不尽な思いを嫌というほど味わってきたからこそ、「少数派が声を上げていこう」という決意を示した、たったひとりのシュプレヒコールでもあったのです。

明石の強みをフォーカスして生まれた市政

私が市長となってから、「やさしい街づくり」をテーマとして、市民のニーズに応えるべくさまざまな政策に取り組んできました。

明石市独自の「5つの無料化」の他、これまで実施してきた施策はいずれも今の時代の明石市に合わせたものばかりです。これが今の時代でなければ、あるいは明石市以外の市町村だったら、その状況にふさわしい政策が他にもっとあるはずです。

もし私が、同じ県内でも内陸部の市長であれば、雇用施策や企業誘致などをするかもしれません。でも、面積の狭い明石市では大規模な企業誘致をするのはちょっと難しい。また、明石市は住宅地としてのコストパフォーマンスはいいほうですが、工場用地としてはやや割高の部類に入ってしまいます。このように、私は今まで我が街の強みと弱みを見極め、政策を打ってきました。

明石市の強みは、大阪・神戸・姫路などにも近く、海、川、山などの自然環境にも恵まれていることです。そこで私は明石市を関西圏唯一の「暮らしやすい街」「子どもを育てやすい街」にしようと決意しました。

今は、子育て世代をはじめ多くの市民が悲鳴を上げている時代です。とりわけ子育て世代の負担を軽減し、彼らの可処分所得を増やすことが、明石市の好循環と市民の安心にもつながる。私はそう判断して退任するまで市長としてやるべき仕事に取り組んできました。

明石市のように、近年注目されている市町村として千葉県の流山市がマスコミでしばしば取り上げられます。流山市はベッドタウンとして単に利便性を追求するだけでなく、子育て環境、自然環境を整備することで「暮らしやすい街」を実現してきました。

日々、忙しく働いている今の日本人には、ほっと一息つける環境、のんびりくつろげる時間が必要です。小川のせせらぎや森の木々といった自然と触れ合うことで、人は癒やされ、それが明日を生きる活力となる。私自身、明石市の海や緑にいつも元気をもらっていますから、そんな明石の自然も市の強みとして生かしてもらいたいと考えています。

2023年の5月から、明石市の市長を丸谷聡子《まるたにさとこ》さんにバトンタッチしましたが、丸谷さんは市議会議員になる前から環境分野に積極的で、今後もため池や里山、里海の保全、環境教育の推進を重要な政策として自然との共生に取り組んでいってくれるはずです。

第3章　地方再生に方程式はない

「大切な故郷」と思ってもらえる街づくり——明石をタコの街に

明石市はベッドタウンとしての特性を生かし、子育て支援策を中心とした政策を行ってきました。結果として明石市の人口は10年連続で増え続けていますが、私は人口増をめざして政策を打ってきたわけではありません。また、市の人口が増えることが必ずしもハッピーだとは考えていません。

現在の日本は12年連続で人口減少を続け、２０２２年には出生数が80万人を割り込むなど少子化も進んでいます。２０２３年の国立社会保障・人口問題研究所の発表では、44年後の２０６７年には日本の総人口は９０００万人を割り込むと推計されており、人口減少の流れは今後も続いていくと思われます。

そのような状況にある中、人口減少を嘆いているばかりでは日本は暗く沈んでいく一方です。だから私は市長として現実を直視しつつ、「人口が減っても、そこに暮らす人たちがハッピーだと思える社会をつくろう」と、人口減を前提とした制度設計を行ってきました。

人を集めようと、無理をして観光振興に大金をつぎ込むようなやり方を私は賢いとは思いません。競争にも似た観光振興策が全国の市町村で繰り広げられていますが、それは各市町村に住む人たちのためではなく、観光業界に金を落とすためにやっているようなものにも思えます。

私は、明石市を「大切な故郷」と思ってもらえるような街づくりをずっと続けてきました。明石にはたくさんの地域資源、名産品がありますが、その中でも海と魚は外せません。市民に「明石の海産物といえば?」というアンケートを取ったところ、断トツで1位だったのがタコ、2位が鯛《たい》でした。タコはとくに若い世代から絶対的な支持を得ていたことから、「これからの明石の売りはタコだ」と私は確信しました。

　魚について豊富な知識を持ち、お茶の間でもおなじみのタレントのさかなクンを２０１３年に「明石たこ大使」に任命しました。魚大使は他の市町村にもいますし、後発の明石市が魚大使で勝負するにはややインパクトに欠けます。そこで明石の売りにしようと決めたタコに焦点を絞り、さかなクンにお願いをして「明石たこ大使」になってもらいました。

　明石のタコを使った名産品といえば「明石焼」が有名です。２０１６年に行われた「ご当地グルメでまちおこしの祭典！Ｂ－１グランプリ」で、その明石焼が栄えある1位を獲得しました。その後、２０１７年には「西日本Ｂ－１グランプリ in 明石」を、さらに２０１９年には明石市制施行１００周年記念事業としてＢ－１グランプリの全国大会（第11回）も明石市で開催することができました。イベント期間中、明石市内は多くの観光客でにぎわい、市内の商店街もとても潤いました。このように、私は観光振興策に大金を使うことなく、その時々の状況を踏まえ最善の方法を選んできたのです。

　また、私が観光振興策を考えるとき、「一過性のものにしない」ということにも注意を払ってきました。「明石たこ大使」のさかなクンは大使に就任して以来、定期的に「お魚教室」などのイベントを市内で開いてくれています。明石焼もB－1の1位になったことで認知度がさらに高まり、全国各地から本場の明石焼を食べに観光客が来てくれています。タコによる観光振興策はそれによって直接、市の財政に大きく寄与するほどではありませんが、「明石のブランドイメージを高める」という点では少なからぬ効果があると考えています。

タコ焼きの元祖は明石焼

明石市の代名詞的存在ともいえる明石焼は、地元の人たちには玉子焼と呼ばれています。明石の玉子焼がおいしい最大の理由は、中に入っているタコがおいしいからです。明石の海で獲《と》れたタコはなぜおいしいのか？　明石の海は貝、カニ、エビ、小魚といったタコのエサとなる魚介類が多く生息しています。明石のタコはしっかり栄養を取り、なおかつ明石海峡の激しい潮の流れにもまれてその身も鍛えられています。だから足も太く、味がしっかりしており、食べ応えも満点なのです。

玉子焼には古くから続く歴史があります。江戸から明治にかけて、明石では珊瑚《さんご》を模造した装飾品「明石玉」が特産品となっていました。この明石玉をつくる過程において接着剤代わりに卵白が用いられていたのですが、不要となった大量の卵黄を「もったいないから」と利用して生み出されたのが玉子焼の発祥とされています。

余った卵黄と明石名物のタコを組み合わせて生まれた玉子焼は庶民の味であり、明石市民の誇りでもあります。

実は大阪のタコ焼きは明石の玉子焼から派生したものです。昭和初期、大阪にはラジオ焼きというご当地グルメがあり、具材には牛スジとこんにゃくが用いられていました。商売に長《た》けたとある大阪商人が、明石の玉子焼の噂《うわさ》を聞きつけ、ラジオ焼きの具にタコを入れたところこれが大ヒット、そうです、大阪のタコ焼きの元となっているのは、明石の玉子焼なのです。もったいない精神の結晶として生まれた玉子焼は、大阪のタコ焼きより歴史が古く、そこがまた明石市民のプライドをくすぐるわけです。

市長として、市民に明石への愛着心を持ってもらうには玉子焼は外せないと考え、先述したようにB－1グランプリへ積極的に参加するなどして市民の郷土愛を育むと同時に、全国での知名度を高めてきました。本書をお読みのみなさんが明石市に訪れた際には、ぜひ本場の玉子焼を食べていただきたいと思います。

業者を潤すばかりの観光競争

経済施策を考える際、モノを売る側と買う側、どちらの側に立つかで施策の内容は大きく変わってきます。先述しましたが、景気低迷にあえぐ今の日本社会では、法人税を減税しても大企業の内部留保になるだけなので経済はまわりません。商店街に人を呼ぶためにアーケードをつけても、それは根本的な解決策とはなりえません。今、経済施策を打つならば、明石市のようにモノを買う側、消費者である市民の側に立って政策を考えていくことが何よりも重要です。まず負担軽減策を実施して市民にお金を使ってもらえるようにする。市民が地元の商店にお金を使えば、地域経済は活性化します。

観光に関する施策も経済と同じで、利用者の立場になって考えることが大切ですが、今の日本の観光施策は事業者を儲けさせようとするものが目立ちます。

そもそも、日本人にとっての観光とは、江戸時代に大ブームとなったお伊勢参りに代表されるように、国民にとっての楽しみ事、それも一生に一度楽しめればいいというとても大事なものでした。

明石市でも、いろんな人に街を楽しんでもらおうと「ユニバーサルツーリズム」を実施しています。これは障害のある人もない人も、高齢者も子連れの人も、あらゆる人が「明石に来てよかった」「楽しかった」と思ってもらえるようなやさしい街づくりの一環です。市内の飲食店や施設では、訪れたすべての人を温かく迎えるためにスロープを設置したり、筆談ボードや点字メニューを用意したりしています。これらの取り組みが広がっていくよう、設置にかかる費用は市が全額補助しています。「行きたい店に入れる」「泊まりたいホテルに泊まれる」。そういった利用する側のニーズに応える政策を打っていかないと、観光振興策は当たりません。

一方、国内の観光施策を見渡すと、利用者のニーズがないのに「安いから来ませんか」と力ずくで観光客を呼び寄せようとするような政策ばかりが目立ちます。私からすれば、利用者を楽しませるための観光施策というより、関係する企業や施設だけが儲かればいいという業者対策にしか見えません。

近年の日本の観光施策は、政治家の周りにいる取り巻き連中に金を落とすための策ばかりです。地に足のついていない付け焼き刃的なこれらの策は、その後も長く地域を潤してくれるような施策にはなりえません。全国の自治体が今一度、地域の観光を市民の側、利用者の側、双方から見つめ直し、再構成していくべきです。

現金ばらまきの移住政策は間違っている

都市部で働く人たちの地方移住への関心が高まっている今、国や各自治体では地域の空き家を移住希望者に貸し出す「空き家バンク制度」や、地方での起業・創業を促す施策などさまざまな移住支援策が実施されています。

これらは国の地方創生事業の流れを汲《く》んだものですが、私はこのような現金ばらまき型の政策には昔から一貫して反対の立場を取っています。

今の日本に必要なのは、国民の頬を札束で引っぱたくようなその場しのぎの政策ではなく、継続的な安心感を国民に与える政策です。

明石市は、保育料の無料化や18歳までの医療費の無料化などで市民に安心を提供してきました。この安心の継続があるからこそ、明石市の経済は活性化し、人口も増えるなどいろいろな効果が生まれました。国のやっている一時的な現金ばらまき型の政策は、選挙対策の色合いが濃く、明石市が取り組んできた政策のような効果は得られません。

繰り返しますと、そもそも、明石市は10年連続で人口が増え続けていますが、移住支援策を含む人口増を狙う政策を行ってきたわけではありません。最近では「周辺の市町村から人口を奪っている」と、やっかみにも似た指摘を受けることもあります。でも、私は人口を増やすために市政を運営してきたわけではなく、市民のニーズに応えたい一心で街づくりを進めてきただけです。最近はようやく明石市周辺の自治体も子育て支援策を取り入れ始めたため（本来は国が行うべき政策ですが）、明石市の急激な人口増加もこれからは徐々に落ち着いていくのではないかと推測しています。

市長就任当時の２０１１年を思い起こせば、明石市は人口減、赤字財政、駅前衰退の三重苦にあえいでいました。あのころ、両隣の神戸市と加古川市は人口増加を続けており、明石市だけ人口が減っていっている状況でした。しかし12年たった今、明石市の人口は増え続け、財政も黒字化し、駅前も多くの市民でにぎわう活気あふれる場所に変わりました。

国が推進する移住支援策は、人の取り合い、パイの奪い合いを促しているようなものです。そんな地域間摩擦を生み出すだけの政策に大金と時間を費やすくらいなら、明石市の行っている「5つの無料化」を国が一律でやれば、今の日本が抱えている少子化や景気低迷はすぐに解決に向かうでしょう。紋切型の移住支援などという発想自体が間違っているのではないでしょうか。

ところで、総務省は、地域間で人口の奪い合いが起こるのを解決する策として、「関係人口」を提唱しています。関係人口とは、「移住した『定住人口』でもなく、観光に来た『交流人口』でもない、地域と多様にかかわる人々」のことを指します。実際、定住せずに地域とかかわり、地域に新たな変化を起こそうとしている若年世代は増えています。

しかし、関係人口は総務省がつくり出した一種のトリックだというのが、私の考えです。一概に関係人口といっても、1年のうち3カ月滞在する人もいれば、10日しかいない人もいます。彼らは、仕事やボランティア活動を足場にして地域とかかわるわけですが、地域の過疎化や高齢者問題を解消するに足るだけの人が年間を通して来ることはまず望めません。ある程度地域の生活者の潤いになったりすることはあるでしょうが、過疎化など地方の人口問題を解決するまでの策には到底なりえないのです。

子どもの心の故郷になる街づくり

前に少し触れた流山市は、２０１７〜２０２２年の6年連続で人口増加率が全国772市中で1位となった、近年もっとも注目を集める自治体の1つです。

この流山市には「みどりの基本計画」という施策があり、緑の保全や緑化の推進に取り組んでいます。新たに緑の空間を創出するだけでなく、今ある自然を保全、活用することにも積極的だと聞いています。そんな自然環境を生かした街づくりも、子育てファミリー層を呼び込んでいるポイントなのでしょう。市長を退任した今、タイミングを見計らって流山市には視察も兼ねてぜひ一度行ってみたいと思っています。

流山市のように緑を豊かにする、今ある自然環境を生かした街づくりを行う。この視点は私も市長としてとても大切にしてきました。

多くの方は、明石市の人口は子育て支援策が当たったから増えたと思っているようですが、それだけではありません。10年連続で人口が増え続けたのは、引っ越してくる子育て世代の方々にとって「明石市が子どもにとって暮らしやすい街かどうか」という住環境のニーズに応えているからです。子育ての経費が少なくなるという理由だけでは、明石市に移り住む人がここまで増えることはなかったでしょう。明石市は環境も含めて子育て世代の「我が子の故郷にふさわしい街か」という選択基準をクリアしているからこそ、順調に人口増加を続けてきたのです。

明石といえば、全国的には明石海峡大橋が有名です。また明石駅前には明石城跡とそれを囲む大きな公園があります。でも、私は明石市のどこが一番おすすめか聞かれたとき、「海に沈んでいく夕日です。泣きたくなるくらい、きれいな夕日ですよ」といつも答えています。市役所は明石海峡大橋を望む海沿いに建っているため、晴れてさえいればいつでも美しい夕日を見ることができました。明石の海に沈んでいく夕日は何物にも代え難く、私にとっての「故郷の原風景」が明石の海に沈む夕日なのです。

自然豊かな明石は、瀬戸内海で唯一アカウミガメが産卵する浜があることでも知られています。日本から見て地球のほぼ裏側に位置するメキシコ湾から、潮の流れとともに大海原をわたり、アカウミガメはやってきます。明石の海岸は昔ながらの砂浜が多く、開発の手もそれほど入っていません。アカウミガメは、静かで明かりの少ない浜に産卵すると考えられているため、明石市ではアカウミガメの産卵に配慮した浜の保全、あるいは海岸づくりを進めています。

また、明石市は小さな市ですが里山もあり、海も含めて故郷の原風景となりそうな場所がいろんなところにあります。こうした明石市の魅力を次の世代に残し、自然のすばらしさを伝えていくことも自治体としての重要な役割だと考えています。

全国一律という発想はもうやめる

少子高齢化の進む日本において、地方の市町村の過疎化が深刻な社会問題となっています。当然ですが、過疎化の進む自治体では自分たちの市町村を元気にしていくための政策を考えていく必要があります。

しかし、元々人口の少ない田舎を都心のように繁栄させようとするのは無理がありますすし、する必要もないと私は考えます。日本全国津々浦々、あらゆる市区町村が同じような制度、同じような政策を用いる必要はまったくなく、それを実行することも非常に困難です。都会には都会に、田舎には田舎に適したそれぞれの施策があるのだから、それを追求していくべきです。

日本の自治体には昔から「全国一律」「他と同じように」という発想、文化があり、それが今でも根強く残っています。でもこれからの時代は、現実を直視して、そこから最善の道を模索していくことが重要です。

多種多様な価値観、考え方が尊重される今、日本に暮らす人々のニーズも多様化しています。都会的な利便性を優先させる人もいれば、バスが1日に1～2本しか来ないような辺境でのんびり暮らしたいと思っている人もいる。交通の便のよさをすべての人が求めているわけでは決してありません。であるならば、全国の自治体は自分たちの地域で暮らす人々のニーズをしっかりつかんで、行政サービスや施策を展開していかなければなりません。

人それぞれ、あるいは世代によっても求めるものが違ってきます。若い世代は出会いや働く場所を求め、人や情報、文化の集約する場所に強い興味、関心を持つものです。若者が東京に集まるのは、ある意味自然な流れです。子育て世代は、利便性にプラスして子どもたちが伸び伸びと遊べるような環境を重視します。子育てが終わった世代は、静かなところでのんびり暮らしたいと思う人も多くなるはずです。このように、世代によって求める住環境は大きく違ってきます。

そう遠くない未来、交通の便のよくない地域にもドローンなどで物資が届けられる時代がやってきます。あらゆる分野でイノベーションが起きている今、時代に取り残されないためにも全国一律主義の古い考え方は一刻も早く改めなければなりません。

第4章で追って触れますが、あまりにも偏り過ぎた東京一極集中はある程度地方に分散していく必要があります。しかし、都心部に人が集まるのは、自然な流れであり、避けられないことでもある。人々のニーズと時代の潮流を読みつつ、それぞれの地域の特性を生かした街づくりをしていくことが大切なのです。

公共事業が効果を生む時代はとっくに終わった

私が市政を運営する上で重要視していたのは「施策のバランス」です。選択肢が2つあった場合、そのどちらか一方に偏るのではなく、両方バランスよくやっていけないかをまずは考える。それが施策の効果を長く保つ上でも、とても重要なポイントです。

経済学的にいえば、企業から顧客へ向けたサプライサイドのロジックと、顧客側の視点から捉えたデマンドサイドのロジックをうまく融合させることで世の経済をまわしていくことができます。これは「両方の立場から考える」ことをわかりやすく言い換えた例ですが、私は明石市の市長として、いつも対極にあるそれぞれの立場、視点から政策を考えるようにしていました。

子育て施策でいえば、その時々に応じた現金給付型の救貧施策とともに、「5つの無料化」のようなこれから先も継続していく未来施策にも取り組む。もちろん、どんな施策もその根底にあるのは「市民のために」という考え方ですが、施策の効果をより上げるのならば広い視野とバランス感覚を持って市政運営をしていくことが肝心です。

世界各国の政策を見ても、運営がうまくいっている国はその時々の状況や国民の意識に合わせ、バランスの取れた政策を展開しています。そんな中で日本だけは、相変わらず公共事業で経済をまわそうとする古い考え方に囚われたままです。

高度経済成長にあった以前の日本は、いわゆる「箱物行政」と呼ばれる公共事業政策に重点を置き、経済を急成長させました。鉄道や道路などの公共事業に莫大《ばくだい》な資金を集中投下することで日本経済全体を底上げする。かつての日本はそれでよかったかもしれませんが、そんな時代がずっと続くわけもありません。しかし、好景気のバブルが弾《はじ》けてずいぶんと時がたった今も、国は箱物行政の幻想から抜け出せずにいます。そしてその煽《あお》りを食って、長引く不況にあえいでいるのは他でもない、私たち国民です。

ヨーロッパ諸国が国民の負担軽減策に舵《かじ》を切って少子化や景気低迷に対応したように、明石市でも市民の負担軽減策を第一に考え、子どもや教育に関する政策に投資を続け、市の財政を赤字から黒字に転換しました。どのような政策が今の時代にふさわしく、高い経済効果を及ぼすのか？　私は当たり前の普通の政策判断をしてきただけなのですが、その普通の判断を国の中枢にいる人たちはできていません。

ただ、私は「ヨーロッパのマネをしましょう」「明石市が正しい」と言いたいわけではありません。経済をまわすなら、公共投資をしながら国民の生活に寄り添った支援策をあわせて実行していけばいいと考えているだけです。国が続けてきた偏った政策によって、国民が疲弊し、苦しんでいるのをいつになったら政府は気づくのか。「異次元の少子化対策」を掲げる岸田文雄《きしだふみお》政権ですが、異次元なのは岸田政権の国民に対する冷たさです。異次元でなくていいから、一刻も早く国民に寄り添った政策を打ち出してくれることを切に願います。

ふるさと納税、マイナンバーカードは天下の愚策

菅義偉《すがよしひで》元首相が総務相時代に地域活性化のためとして打ち出し、官房長官になってから拡充させた「ふるさと納税」。今やすっかりおなじみとなったこの制度は、全国の自治体に貢献できるというプラスのイメージばかりが強調されてきました。しかし、都心部には「ふるさと納税」によって税収が大きく減少している自治体もあり、そのマイナス面に関してはマスコミで大々的に取り上げられることがあまりありません。

一部から「金持ち優遇」「不公平」といった批判もある「ふるさと納税」ですが、私は民主主義の観点から見ると「○」、税制としては「×」と捉えています。

「ふるさと納税」のいいところは、自分が納めた税金を誰が（どの自治体が）、どう使うか（使い道）を選べる点です。自分たちの納めた税金がどこに消えたのかよくわからない今の日本社会において、自分の払う税金をどの方向に使うか選べるのは納税者として非常に納得できます。これは民主主義に合致した制度といえます。

ただ、「ふるさと納税」は税制としてどうかと考えると、とてもいびつな制度であり、税金のムダ遣いになっています。ある意味、お金持ちだけが得をする制度となっており、このような状況は税制の利便性にも公平性にも反しています。

「ふるさと納税」は、地方交付税の交付団体ならば控除による住民税流出のうち4分の3が国から補塡されます。これが何を意味しているかといえば、「ふるさと納税」の返礼品の原資の4分の3が、実はわれわれが支払っている税金から出ているということです。

また、「公平性にも反する」と先に述べましたが、高額納税者（高所得者）ほどメリットを享受できる不公平さがこの制度には内在しています。厳しい時代を迎えている今の日本にとって、「ふるさと納税」は税制度として明らかに適切ではありません。「ふるさと納税」を俯瞰《ふかん》して捉えたとき、この制度は天下の愚策と言わざるをえません。

私は「ふるさと納税」には反対の立場だったので、制度が始まった当初はあまり積極的に取り組んではいませんでした。しかし放っておくと赤字が続いてしまうので、市として仕方なく返礼品のラインナップなどを揃《そろ》えたところ、瞬く間に黒字になりました。市政運営上、赤字は放置できないので黒字化しましたが、愚かな制度、間違った制度であるという私の認識は昔も今もまったく変わりません。

歴史的な失敗、愚策という意味では、今、他人の情報が登録されるなどトラブルが続出しているマイナンバーカードもまったく意味のない制度だと思います。過去、何度も取り沙汰されては埋もれてきた国民総背番号制を、国が力技によって蘇《よみがえ》らせたのがマイナンバーカードです。国の政策を推し進めるため、マイナポイントなどのばらまき型の普及活動で国民を釣ろうとする最悪の政策といえます。マスメディアもそのおこぼれに与《あずか》っているので、声高に批判しようともしません。

世界を見渡しても、マイナンバーに加えて免許証、健康保険証といった重要な機能を付加したカード制度を実行しようとしている国はありません。たいていの場合、もっと特化した形で行っているか、目的を明確化して基本的には強制で行っています。そして情報漏れなどのミスが生じた場合には、国家としてしっかり責任を負うことを事前に広く周知しています。こういった条件が揃わなければ、国民のさまざまな情報、データを1枚のカードに集約するにはリスクがあまりに大き過ぎます。

政府がマイナンバーカードの利用を国民に強制しようとする隠れた目的は、関連業界を儲けさせるためなのかもしれません。先述した観光政策と同様に、結局のところ政治家の取り巻き連中に金を落としているだけで、「ふるさと納税」もマイナンバーカードも、現代日本の政治の愚かさを象徴する制度のように感じています。

第4章 「地方」と「国」の関係をつくり直す

地方と国の理想的な関係とは？

平成に入ってから、国に集中している権限や財源を地方自治体に移していこうとする地方分権改革が内閣府主導で進められています。この改革は国と地方を上下・主従の関係から対等・協力の関係に変えていくことをめざしたものですが、両者の間にはまだまだ大きな格差が存在しています。

自治体ごとに、人口や経済力は異なるので、その状況に応じた国からの財政支援が必要です。しかしその対応が不十分な上、各自治体の意見が国に反映されないケースもあり、国と地方自治体の関係性において平等性が確保されているとは言い難い状況です。

図Ａ　社会と市民の関係

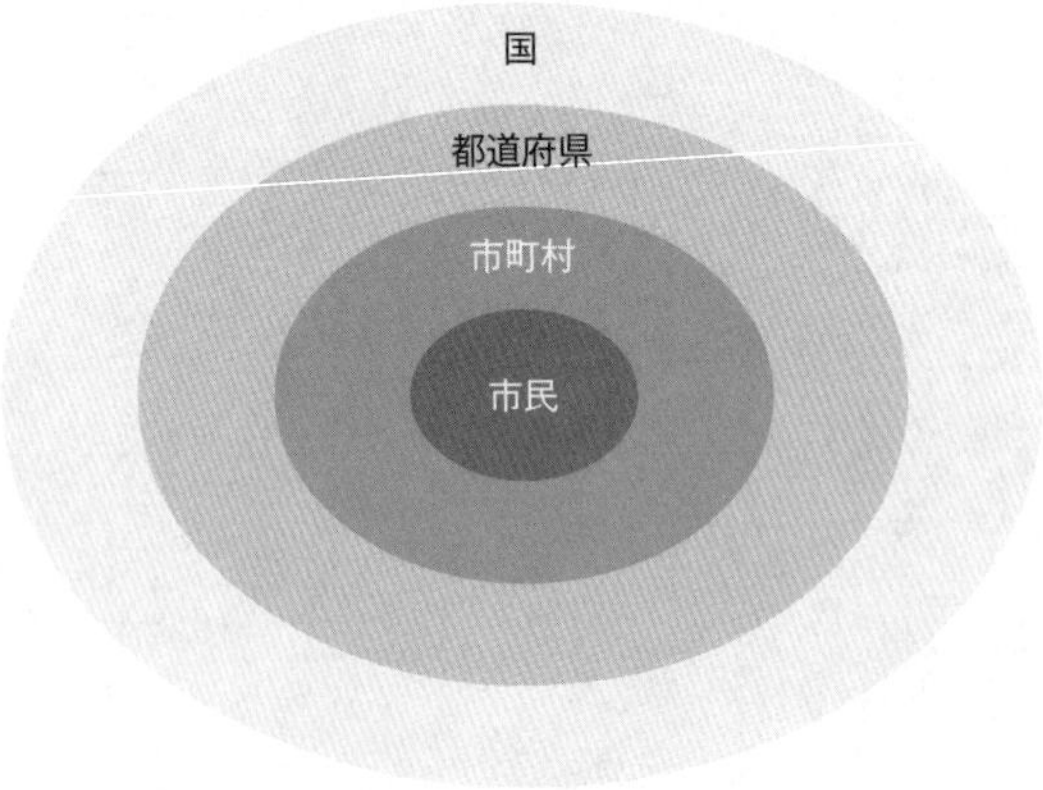

　かつては、国が一番上で、その次に都道府県、その下が市町村で一番下に来るのが市民という考え方が一般的でした。これが俗に言う「お上意識」と呼ばれるものです。残念ながら、日本独特のこの考え方は今なお一部の国民の間に色濃く残っています。

「はじめに」でも少し触れましたが、幼いころから社会の冷たさを感じてきた私が考える理想の関係性は図Ａのようなものです。

　社会と市民の関係を上下で見るのではなく、円のように見ていくのです。一番真ん中にいるのは市民。そしてそのもっとも近くにいるのが市町村、その外に都道府県、すべてを包み込む形で存在しているのが国という関係性です。このような円の関係性で市民と市町村、そして国の関係を考えていくと、市民の一番身近にいるのが市町村となります。円の関係性で考えると、市町村は市民に寄り添ったような施策をし、それを都道府県がサポートし、国家はそれらの受け皿となって、すべてを支えていくというイメージです。市民と国の関係は、上下の力関係で表されるものではありません。

政治家の引退を決めたころ、「市長の次は知事ですか？」「国政に復帰ですか？」といろんな人から聞かれました。私にそう聞いてくる人たちの頭の中には「市より県が上」「市より国が上」という発想があるのでしょう。でも私にとっては市長も県知事も国会議員も総理大臣も同等の関係です。市長になったのは、国会議員や総理大臣になるより自分の思うように仕事ができると知っていたからです。市町村、都道府県、国の関係性に上下はなく、あるのは役割です。政治家はその役割をそれぞれの立場に応じて果たすことが仕事です。

法的には、地方分権一括法に基づき、国と地方自治体は対等な関係にあります。地方自治法には「基礎自治体優先の原則」が示されており、住民にもっとも近い市町村が住民をしっかり支え、市町村ができないものは都道府県が、都道府県ができないものは国がサポートしていくというそれぞれの役割が記されています。

住民を支えるために必要なのは権限と財源です。財源をともなう形で権限を移譲し、結果責任は各自治体が負う。権限も財源も結果責任も国ではなく地方自治体に存在するようにする。日本の自治システムがそのような構造になって、ようやく地域の特性に合った住民のための本当の行政が可能になるのです。

子どもの貯金を親が勝手に使うようなことを国はする

市長をしている間、私は国に対していろんな不満を感じてきました。その中でも特筆すべきは、子育て支援に力を入れている自治体に対する国の「お仕置き」や「嫌がらせ」です。こんなくだらないことは、一刻も早く是正してほしいものです。

たとえば、明石市は「子ども医療費の無料化」を拡充してきました。しかし、拡充を理由に国は国民健康保険の補助（国庫負担金）を減額するという制裁措置を続けています。

2022年には約1800万円のペナルティが見込まれていましたが、それでも私は無料化の対象をそれまでの「中学生まで」から「高校生世代まで」に拡大しました。

「医療費の補助を拡充していくと安易な受診が増え、医療費増大を招く」というのが国の言い分ですが、本来、子ども医療費くらいは国がすべて負担すべきです（全国市長会もずっと訴え続けています）。国が負担しないから各自治体が市民のニーズに応えて独自に拡充している。にもかかわらず、無料化を拡充すればするほどお仕置き（減額）が増えていく。政府は子育て支援と言いながら、実際は自治体に嫌がらせや制裁を続けているのです。

政府にはそもそも「子どもは国の宝」という考え方がありません。「家族の問題は家族で解決しなさい」という基本スタンスなので、残念ながら日本全体の出生率の低下は今後も進んでいくでしょう。実際、「異次元」と称している少子化対策の内容と予算規模のお粗末さを見ると、怒りを通り越して絶望的な気持ちになります。しかも、なお困ったことに、政府の顔色をうかがいながら仕事をする御用学者とマスコミは「貧乏な子どもだけを救済すればいい」という発想です。私は、貧乏であろうがなかろうが、すべての子どもを幸せにするための施策を行うべきという考えで子ども施策を実施してきました。だからこそ、子ども医療費など5つの無料化の所得制限をすべて撤廃しているのです。子どもを望んでいても、産もうとは思えない社会に未来はありません。子どもを産んでも、子どもが増えても、生活費を心配せずに子育てができるという安心感が絶対に必要なのです。

国が各自治体に分配している地方交付税にしても元々は地方のお金です。地方自治体の財源を国が巻き上げて、それを地方に戻しているにすぎません。市長だった私から見れば「子どもが貯金箱に貯《た》めたお金を、親が勝手に持ち出して使っている」状況です。そして、親である国は「お金を戻してほしかったら言うことを聞きなさい」「宿題をしたらお小遣いを戻します」というスタンスです。まったくとんでもない話です。こんな理不尽極まりないことがまかり通っているのが、今の日本の財政の実情なのです。

地方は国のムダ遣い競争を担わされている

2023年2月、財務省は2022年度の国民負担率が47・5パーセントになる見込みだと発表しました。国民負担率とは、所得に占める税金や社会保険料の割合を表したものです。統計開始当初の１９７０年度には25パーセント未満でしたが、２０１３年に40パーセントを超え、今や５割に迫る勢いです。

なぜ、これほど高い負担率になったかというと、一重に財務省と厚生労働省のせいだと私は思います。財務省はともかく税金を上げて税収を増やしたい。だから消費税率もどんどん上げていきたい。税収が増えて、財源が膨らめば、彼らの権益は一層強化されるからです。一方で厚生労働省は格上の財務省に引け目を感じて、予算を強く請求できない。だから、医療保険や介護保険をつくる。保険制度はいったん導入すると徴収金額を好き放題にいじれます。だから介護保険料などは導入したときから３倍くらいに上がっている。このように財務省と厚生労働省が長年、競い合うように税と保険を国民から取りまくっていった結果が、５割近くの国民負担率というわけです。

私の幼少時に比べれば、国民負担率は２倍以上になっています。ことに問題なのは日本がここ30年ほぼ経済成長しておらず、国民の生活はどんどん苦しくなっていることです。介護保険料は今後も引き上げられるでしょうし、消費税も現行の10パーセントからさらに上がりそうな気配です。それなのに、子育て支援も介護負担の軽減も一向に進みません。

私たちのお金は、一体どこに消えているのか。年貢の徴収が行われていた江戸時代よりひどいのではないか。ついそう言いたくなってしまうほどです。

明石市が市民の負担を増やすことなく数々の施策を実施し、これまで黒字でやってこられたのは、私が打ち出の小槌《こづち》を持っていたからではありません。私がやったのは、市民からお預かりしているお金（税金や保険料など）のムダ遣いをやめ、市民のために使うようにしただけのこと。日本の国民負担率は諸外国と変わらないのに、国が国民に寄り添った政策に取り組まないのは利権を温存し、身内に甘く国民に厳しい政治を続けているからです。

地方分権一括法の施行から20年以上たちましたが、いまだに日本は国が地方を支配する色合いが濃く、地方自治体は国の言うことに従わざるをえない状況です。中央省庁の官僚と国会議員は、今握っている実権を手放したくないため、財源という切り札をちらつかせて地方を従わせようとしてきます。

ともかく一番質《たち》の悪いのは、国の財布の紐《ひも》を握っている財務省です。世間的には、官僚は賢い人たち、とくに財務省はエリートの集まりということになっているのだから、国民負担を増やさない発想をしていろんな政策に取り組むべきです。ところが、彼らは何かあると「財源がないので無理です」と言うばかり。国民のために働こうとするのではなく、自分たちの行動原理を最優先させることに終始している様を見ると、本当に賢いのか甚だ疑問です。

私が明石市長に就任した2011年当初、市の財政担当者から「市の貯金（基金）は5年後に底を尽きます」と言われてとても驚いたのを覚えています。2010年度末の基金残高は約70億円でした。財政当局の中長期予測によると、これが5年後には尽きるといいます。それを聞いて私も「明石市はこのままだと潰れてしまうんだ」と本当に思いました。

しかし、市民に寄り添った政策を続けていった結果、5年でなくなると言われた基金を2021年度決算で約121億円に増やすことができました。あのとき、財政担当が私に言ってきたのはある意味「あなたの好き勝手にはやらせない」という脅しにも似た意思表明だったのかもしれません。

国も自治体も、財政当局は危機を煽り、最悪のパターンを予測しながらもムダ遣いが続くことを前提に予算を組みます。要するにうまくいけば自分たちの手柄、失敗しても責任は問われないという、どっちに転んでも負けないやり方が常套《じょうとう》手段なのです。

国の金庫番である財務省は、自分たちこそが正しく、財布の紐を握っているのは私たちなのだから言うことを聞けという上から目線のスタンスです。国民のことなど何も考えず、新しい制度設計の話をすれば常に「財源がない」「予算が足りないから消費税を上げる」と言います。しかつめらしい顔をしながら、「このままいくと日本は大変なことになりますよ」と言って国民を常に脅迫している。

官僚の考え方として、「前任者のやってきたことは正しい」という概念があるため、それまでのやり方を改めたり、あるいは時代の流れとともに対応を変えるということが総じて苦手です。キャリア官僚と呼ばれる人たちはとくにそうです。

赤字続きだった明石市が税収の黒字化にも成功したのは、時代状況に応じてうまくやりくりをしてきたからです。各家庭も、給料が上がらない中で上手に家計をやりくりして世知辛い世の中に対応しようとしています。一般の家庭だけが耐えることを強いられ、政治家や官僚たちは甘い汁を吸って好き放題やっている。それが今の日本の真の姿です。

国民負担率が47・5パーセントまで上がっているのに、政治家も官僚も「まだ足らん」と思っているようです。ヨーロッパには充実した福祉政策の見返りとして消費税が20パーセントを超える国々も多いため、日本の10パーセントはまだ安いと財務省は考えているようです。国はまだ、国民の苦しみ方が足りないと思っているに違いありません。

私は市役所で職員にいつも「市民から預かっている税金は市民のお金。市民に必要な施策のために税金を使うのは当然のこと。市民の税金で雇われている市長を含めて公務員は、知恵を出し、汗をかいて市民に戻さなければならない」と話をしていました。預かっている税金に付加価値をつけて戻せば、市民はもっと税金を預けたいと思ってくれます。市民が安心して暮らせる街には人が集まってくるようになり、街ににぎわいが広がれば地域経済もまわり出します。

国民に負担を課さずに、国民に喜んでもらえることをするのが真に賢い人のやることです。市民のための政治をすれば街が元気になるように、国民のための政治をすれば国は発展するのです。

縦割り行政の谷間に光を当てる

行政のシステムにありがちな縦割り構造は、利用する側である市民にとって抜本的な解決につながらなかったり、時間がかかったりとデメリットしかありません。

私はそんな行政の縦割り構造を改めるため、管轄するそれぞれの部署が垣根を越えて連携するようにしました。そのことで、市民の抱えている問題に以前と比べてかなりスピーディに対応できるようになったはずです。

たとえば、教育委員会にはスクールカウンセラー（臨床心理士）、スクールソーシャルワーカー（社会福祉士）、スクールロイヤー（弁護士）を置き、学校で何か問題が起こったときにはそれらの人たちがチームを組んで対応するようにしました。

待機児童対策として幼稚園の空き教室に保育園の分園をつくるため、新たな規程も制定しました。この規程により、幼稚園を文科省所管の教育委員会部局から市長部局に移す組織再編を行い、よりスピーディかつ的確に保育園分園がつくれるようになりました。

現場は縦割り行政の弊害でいつも困っています。虐待や貧困問題に関しても教育委員会と市長部局がうまく連携して対応しないと改善、防止はできません。子育て支援策だけでなく、さまざまな政策に取り組んでいく上で柔軟な運用は欠かせないのです。

ただ、明石市の場合は中央省庁のように建物が別々でなく、人事異動も頻繁に行っているため、かつてのような縦割りの弊害は大きく改善されてきています。

そもそも、縦割り行政の弊害がどこから派生しているかというと、それは「縦割りの隙間に生じる谷間」に大きな問題があります。ですから、その谷間に光を当てて縦割り行政の弊害を解消していく必要があります。

戸籍のない人に対する支援、離婚後の養育費の立替など、行政の谷間に埋もれていた問題はたくさんあります。それらの問題を一つひとつ掘り起こし、私はその改善、支援に取り組んできました。いずれも、縦割りでは決してスムーズに事が運ばない事柄ばかりです。

すべての人にやさしい街づくりを進める明石市では、子どもや高齢者、障害者はもちろん、社会の中で見えにくい存在である性的マイノリティの人たちにも光を当て、性的少数者（ＬＧＢＴＱ＋）の支援にも積極的に取り組んでいます。その施策担当者には専門職員を採用して、複数の部署をまたぐ取り組みを進めていきました。明石市がＬＧＢＴＱ＋のカップルを支える「パートナーシップ・ファミリーシップ制度」（性的少数者のカップルだけでなく、一緒に暮らす子どもを含めた家族の関係性を明石市が証明する）を２０２１年１月に全国で初めて導入できたのも、縦割りを排し、部署間の横のつながりを強くしたからです。

市長をしていた12年間で残念だったこと

私自身、教育学部を卒業した身なので、教育には強い思いがあります。市長だった12年間を振り返ると、ある程度できたことと、あまりできなかったことがあります。後者の代表が教育です。

市長になってみてよくわかったのは、日本の教育制度の権限と責任の所在がばらばらで、戦後から半世紀以上たった今もまったく変化していないことでした。市内の小中学校の教員の不祥事が発覚したときなどに「私に調査権限や教員に対する指導権があれば、もっとスピーディに動けるし、思い切った再発防止策も取れたのに」と痛切に思ったものです。

現在の教育制度では、人事権は県にあります。だから、小中学校の建物は明石市立なのに働いている職員は県教委の管轄となり、教員たちが何か問題を起こしても市長は手出しできない仕組みになっています。つまり、現場から離れた都道府県の教育委員会が権限を持っていることで、権限と責任が二重構造になっているわけです。

市長である12年間でもっとも心残りなのは、文部科学省と日教組が結託して治外法権をつくっているかのような昭和のままの旧態依然とした教育制度を突き崩せなかったことです。

教育の権限を県教委や市教委から市長部局に移してもらえれば、ヨーロッパ並みの充実した教育環境をつくる自信はありました。いじめや不登校ももっと減らせるし、障害のある人と障害のない人がともに学ぶインクルーシブ教育も広げていけたはずです。

欧米では、障害のあるなしにかかわらず、ともに同じ学校、教室で学びます。支援が必要な子どもには、スタッフがプラスして配置されます。ところが、日本は長い間、障害のある子どもは別の学校に行かされてきた歴史があり、このことが日本の福祉を非常に排他的なものにしてきました。

義務教育はすばらしい制度だとは思いますが、それが行き過ぎると子どもにとってはただの強制になってしまいます。「学校に来るのが正しい。遅刻は間違っている」という杓子《しゃくし》定規な考え方が、不登校の子どもを生んでいる原因のひとつになっています。そのことを教育に携わる人間は、もっと真剣に考えるべきです。

子ども一人ひとり、個性もあれば考え方や成長のスピードも異なります。そんな多様な子どもたちに対応するために、明石市では学校外の居場所づくりにも力を入れています。2021年度には、無料で利用できる公設民営のフリースクール「あかしフリースペース☆トロッコ」をオープンしました。これはNPO団体との連携で実現したもので、全額公費で助成しています。

子どもたち一人ひとりの個性をしっかり伸ばす。それをサポートしていくのが学校の役割であり、あるべき姿です。学校は行っても行かなくてもいいものであって、そこに子どもの選択権をしっかり保障してあげる。子どもの将来は子ども自身が決めていくものなのです。

今の日本の教育現場には旧態依然とした一律主義が根強く残っています。そのせいで、子どもにとって非常に居心地のよくない場所になっています。「不登校が増えるのはよくない」と言っているだけでは子どもたちが不幸になるばかりです。子どもたちをサポートするために、一人ひとりが生きるエネルギーを存分に発揮できる居場所をもっとたくさん整備していく必要があります。

出生率をV字回復させたフランス

近年、日本の合計特殊出生率（15〜49歳までの女性の年齢別出生率を合計したもの）は下降を続け、上向く気配すらありません。フランス、スウェーデン、イギリス、フィンランド、そしてアメリカも出生率がプラスに転じたのに、日本は前年比マイナスが続いています（次ページ図B）。日本の2022年の出生率は1・26。イーロン・マスク氏から「このままだと、日本は消滅する」と言われたりもしましたが、現実化しかねない状況です。私には、日本の政治の〝何か〟が間違っているような気がしてなりません。

国会議員をしていた2003年ごろ、海外の取り組みを参考にしようとフランスの少子

図B　増加に転じた欧米の合計特殊出生率

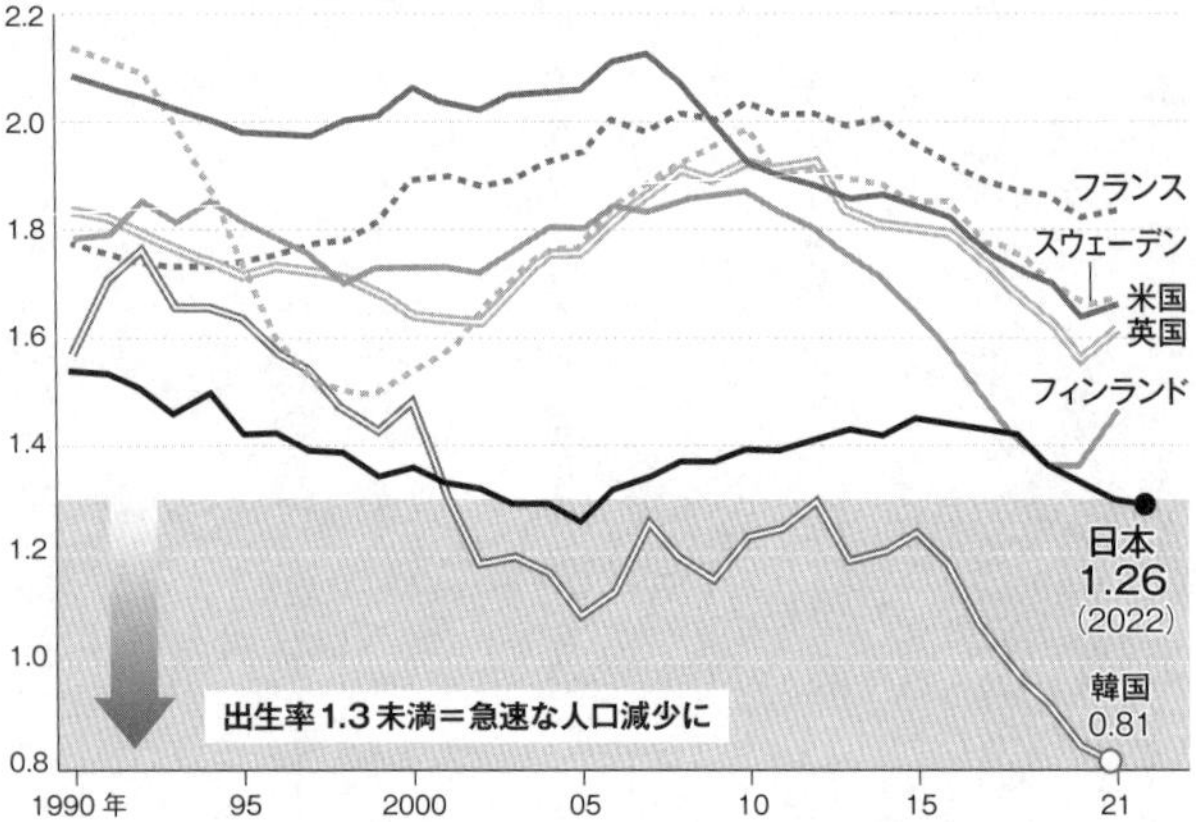

（世界銀行、各国政府統計、厚生労働省「人口動態総覧（率）の国際比較」等を基に作成）

化対策を勉強したことがあります。フランスでは「第３子から支給される家族手当」「３人以上の子育て世帯に対しての大幅な所得税減税」「３人以上子どものいる家庭は公共交通機関や公共施設が割引きになる」などの手厚い支援政策を行っていました。その結果、１９９４年には１・66まで下降していた出生率を２００６年には人口維持に必要な２・07辺りまで戻しました。わかりやすいインセンティブがあるとそれが国民の安心感となり、出生率は上がるのです。

そもそもＯＥＣＤ諸国の中でも日本は、子どもに関する予算が先進国の半分程度なのに、公共事業は平均より多いという状態が続いています。これは世界の流れとはまったく逆を行っています。だから私が市長となってから、明石市では公共事業予算などを削減し、子ども予算を倍にしました。そして、ヨーロッパ並みの予算配分と子育て支援策に取り組んだ結果、明石市の出生率は2018年に1・70になりました。コロナ禍の2021年に1・65となりましたが、全国の1・30に比べ高い水準を維持しています。

2022年の出生数が統計以来初めて80万人を割ったことについて、磯崎仁彦《いそざきよしひこ》官房副長官は「少子化は危機的な状況であると認識している」と述べました。私はその報道を見て「『危機的な状況』なのは、まさに『日本の政治そのもの』」であり、「あなた方（政府）こそが『危機的状況』」であると思い、ツイッターでもそう発信しました。出生数減少の背景にあるのは今まで続いてきた国政の驚くべき「危機感の欠如」と「やる気の欠如」に他なりません。

国立社会保障・人口問題研究所の2021年の出生動向基本調査によると、夫婦に理想的な子どもの人数を尋ねたところ、その平均は「2・25人」でした。私はやみくもに人口を増やすべきだとは考えておらず、子どもを持たないという選択をする夫婦がいれば、その考えを当然尊重すべきだと思っています。ただ、「子どもが2人は欲しい」と願う夫婦が多い今の状況を直視し、その希望が叶《かな》う環境整備に取り組んでいくのは当然だと考えます。

今、多くの夫婦が理想の人数の子どもを持てないのは、国民みんなが不安だからです。「この給料では結婚できない」「今の収入では子育てなどできない」……。結婚したい人が結婚しないのも、子どもを産みたい人が子どもを産むことができないのも、今の社会に不安を抱いているからです。ということは、少子化を改善していくには、先述したようにフランスのようなわかりやすいインセンティブを示し、国民の不安を解消してあげればいい。たったそれだけのことなのに、国は「予算がないから」などの理由をつけて思い切った子育て支援策をしようとしません。

何度も述べてきましたが、財源はあります。実行できないのはやる気がないからです。明石市でできたことがなぜ国にできないのか？　その理由はただ1つ、「トップにやる気がないから」です。

全国初の施策は、海外にモデルがある

２０２３年４月、子ども政策を担当する小倉将信《おぐらまさのぶ》大臣は離婚などによる子どもの養育費に関して、受け取っている母子世帯の割合を２０３１年に40パーセントまで拡大するという初めての政府目標を発表しました。

２０２１年時点では28・１パーセントにとどまる養育費の受け取りを10年後の２０３１年に40パーセントにするとのことですが、まさに今生活が困窮している子どもは待つことなどできません。今すぐ法整備をして、すべての子どもたちが養育費を受け取れるようにするのが政治家の責務です。

海外では、立替、強制徴収（給料天引など）、罰則など、国が当然のごとく法整備をしています。何もせずに放置しているのは日本ぐらいなもの。養育費はすべての子どもの手にわたることが当たり前です。どのような環境下でも受け取れるようにするため、行政がセーフティーネットを張るべきです。明石市は困っている子どもたちを救うために、２０２０年から市独自の公的立替制度を運用しています。

図C　海外の養育費の確保策

	立替	強制徴収	罰則
フランス	○	○	○
ドイツ	○	×	○
イギリス	×	○	○
アメリカ	×	○	○
韓国	○	○	○
日本	×	×	×

（「広報あかし」2022年8月1日　1362号より）

ちなみに海外の養育費の確保策については、図Cのようにフランスや韓国では養育費の立替も強制徴収も罰則も実施されています。イギリスやアメリカでは、立替制度はありませんが、罰則として車の免許やパスポートの停止が科されます。

また、明石市では2022年7月にそれまでの立替制度をさらに拡充しました。離婚後の子どもへの養育費不払いの立替が1カ月分だったのを3カ月分に期間延長しています。日本では、明石市が〝全国初・唯一〟ですが、先述したように世界的には当たり前のよくある制度です。

私が市長になってから、明石市では全国初の取り組みを100以上も具体化してきました。もっとも、ほとんどは海外の施策を手本としたものにすぎません。本章で説明した「養育費立替」は韓国を参考にしたものですし、「生理用品のトイレ常備」はニュージーランド、「障害者の参画」はアフリカのルワンダを参考にしました。要は地球儀レベルで「これはいい政策だな」と感じたらそれをマネすればいいだけのことなのです。でも、我が国の政治家たちはそんな簡単なことをなかなかしようとはしません。

養育費の立替を含め、明石市が取り組んでいることは本来、国がしなければならないベーシックなことも多いのです。社会全体の意識を変え、自治体レベルではなく国レベルで一刻も早く法整備と実際の運用を開始してくれることを願うばかりです。

地方議員は今の3分の1以下でいい

地方自治体の議員数は多過ぎるとよく言われます。私もたしかに多いとは思いますが、ボランティア型の議員ならば多くてもいいという考えです。

地方議員の数を少なくするなら、アメリカのような少数精鋭型にすべきです。現状のままの人数、あるいは増加の方向なら、ヨーロッパのようなボランティア型にするべきです。

アメリカでは、地方議員の多くは数名で構成されていて、それぞれに専門的な能力や経験（弁護士や公認会計士など）を持っています。拒否権や勧告権なども付与されており、それが発令されると首長といえども従わざるをえません。高い能力を有し、重大な権限も持つ。責任も重いので、もちろん好待遇です。これがアメリカのような少数精鋭型です。今、明石市の議員定数は30ですが、仮に少数精鋭型にするならば、定数は今の３分の１以下でいいと思います。

ヨーロッパでは、地方議員の多くがボランティアで構成されています。ボランティアなので必ずしも専門的な能力や経験を有しているわけではなく、地域の問題を解決するために地元の共同体と協力して活動し、議会での意見交換によって意思決定を行います。

明石市の議会がこのボランティア型であるなら、市内各地域から代表を集い、定数を50に増やしてもいいと思います。待遇は少数精鋭型ほどよくはありませんが、会議は土日の夜間に開くなどそれぞれの仕事に配慮して、会議も基本的な報告とその了承を得る程度にする。それほど強い権限はありませんが、重い責任が生じることもありません。

ただ、そういったボランティア型の地方議会であっても、首長に対するチェック機能はしっかりと有しておく必要があります。具体的には、不信任決議が上げられるような制度はつくっておくべきです。

今の日本の地方議会は権限、責任、役割といったものがすべて中途半端です。それなのに人数が多く、過剰に好待遇という状況です。これは予算のやりくりに四苦八苦している今の地方自治体には明らかに合っていません。

私が市長を続けた12年間は、議会との闘いでもありました。多数派からは度重なる嫌がらせも受け、「泉市長はすぐに敵・味方と分ける二元論者だ」と言われることもありました。でも、私は民意を市政に反映させるために精一杯やってきただけです。「もっと上手にできたのではないか？」と問われれば「すみません、これが自分の限界です」と素直に答えるしかありません。

明石をやさしい街にしたい。私はその一心でやってきましたが、「泉さん自身はやさしくない」と思われる方が一定数いるのは事実です。しかし、街をやさしくし、市民のニーズに応えるためには、時に鬼になり、時に嫌われ者になることも厭《いと》いませんでした。何よりも市民のために。それが市長としての自分の役割、使命だったからです。

選挙は完全自由化にしたほうがいい

最近の選挙を見ていると、掲示板に貼られるポスターの写りが実物とはかけ離れていて「誰、これ?」「いつ撮った写真?」と感じる人がとても多くなってきたように感じます。選挙の場合、ルッキズム（外見至上主義）も重要視されて当然だとは思いますが、画像加工技術が著しく進化した今、その補正ぶりが少し行き過ぎているように見えます。

そのような傾向が見え隠れする昨今の選挙ですが、基本的に私は「選挙は美しい」と感じながら選挙に臨んできました。お金持ちも、お金に困っている人も、有力者も、名前が知られていない人も、みんな等しく「1人1票」。私はその選挙の美しさと可能性をずっと信じてきたのです。

本来、美しいものであるはずの選挙は、近年そのあり方自体がとてもいびつになってきています。世界を見渡しても、現職有利の選挙制度を用いているのは日本くらいのものです。世界で行われている選挙と日本の選挙は、まったくの別ものといってもいいくらいです。

世界で行われている民主的な選挙活動は、原則自由です。早い段階から戸別訪問をしてアピールしたり、市民に政策を語ったりすることができます。「今度立候補するのでよろしくお願いします」と1年前、2年前から選挙運動ができるわけです。

ところが日本の場合、公職選挙法によって選挙運動は公示日（告示日）に立候補の届出をし、受理されてから投票日の前日までと定められています。「私に1票を入れてください」と言えるのが実質1週間程度しかない。公示日以前に「立候補するのでよろしく」と言ったら選挙違反になってしまう。こんなことをしているのは、世界広しといえども日本くらいのものです。

選挙運動が可能となっても、できるのは街頭演説とポスター掲示、そして選挙公報に情報を載せたりするぐらいで、有権者の側からすればほとんど情報がない状態。政策論争も、言いたいことも言わせない選挙制度を続けているのが日本なのです。

なぜ、日本がこのような理不尽な選挙制度を続けているのか。理由は先述した通り、日本の選挙制度は現職に有利にしたいがために、このような仕組みになっているのです。現職が通りやすく、新人が通りにくい制度を日本はあえてつくっている。現職は選挙期間中に行う公務を通じて知名度を高め、政策や施策によって有権者から信頼を集めることができます。一方、新人候補は知名度が低く、政策や施策を十分にアピールする機会も少ない。そのため、現職に比べれば圧倒的に不利な立場で選挙を闘わなければなりません。

たとえば、２０２３年４月に行われた明石市長選挙、明石市議会議員選挙は４月16日日曜日に選挙運動がスタートして、翌週４月22日土曜日で終わりました。「私が市長になったらこうします」「私が市議になったらこんなことをします」と市民に訴えられるのがたった７日間だけ。撒《ま》けるビラは４０００枚のみ。ビラを撒いていい場所も限られています。

このように、日本の選挙制度は立候補者のできることがごく限られており、ほとんど何もできない状態です。本書で「グローバルスタンダード」と何度も言ってきましたが、選挙制度も世界に倣い、完全自由化すべきです。

選挙に関してあともう１つ、私は被選挙権もヨーロッパ並みの18歳にすべきだと考えています。若者たちの政治離れが顕著な今、彼らが政治に興味を持てるように18歳になったら立候補できるようにするのです。高校を卒業して、就職せずに議員になってもいいし、大学生が在学中に立候補してもいい。食い扶持《くぶち》を求めてどうしようもない大人が立候補するくらいなら、やる気のある若者に積極的に政治に参加してもらったほうが日本の未来のためになるはずです。

都市の一極集中はどこまで問題か？

都市機能の過負荷、リスクへの脆弱《ぜいじゃく》性、地方の衰退を招くなどの理由により、東京一極集中がよく問題となります。

「一極集中は悪」という前提で語られることの多いこの問題ですが、私は一極集中のいい点と悪い点、それぞれをしっかり検証しながら論じていく必要があると考えます。

東京のような都市に人が集まる第一の理由は、その利便性です。とくに政治、経済、文化などあらゆるものが集まった東京に人が集まるのは、当然の流れでしょう。

ただ、そんな便利な東京にもデメリットはたくさんあります。人が多過ぎる、税金も物価も家賃も高いなどいろいろありますが、便利な分、生活していく上での物理的、心理的両面での負担も相当大きいことは理解しておくべきです。

一方、地方の田舎は不便かもしれませんが、自然が豊かで物価も安く、東京に比べれば金銭的な負担は相当軽くなります。不便とはいえ、今の世の中はネットでたいていのものは買えるし、映画だってわざわざ映画館に行かなくても自宅のテレビで観《み》ることができる。またコロナ禍でリモートワークや在宅勤務も一般的となり、都心部から地方へと移住する人も増えています。

このように、都心、地方それぞれにいい点、悪い点はあります。移住を考えている人はそれらを吟味して選択をするべきです。各自治体は「うちのメリットをどう生かせば地域が活性化するか」「都心になくてうちにあるものは何か」を考えていけばいい。「一極集中は悪」の一点張りでは、今の時代に即した正しい選択も、ふさわしい政策を打つこともできません。

明石市は、お隣の神戸や大阪などの都心部に比べると不動産が割安です。私はこれをメリットと捉え、明石市をベッドタウンとして生かしていくにはどうしたらいいかを考えました。全国津々浦々、都心も過疎地も満遍なく、人口を均等に割り振るなどということは現実的に不可能です。先述したように人が東京に集まるのが自然の流れであり、この流れを大きく変えようとするのは無理がある。ならば現実的な対応として、札幌、仙台、名古屋、大阪、福岡といった地方都市をサブ的な拠点として、過疎部のフォローをブロック単位でしていくのが効率的です。

私は基本的に、「都道府県はいらない」という考えです。行政は基本的に国と市町村の二重構造にすればいい。イメージ的には、国家と人口20万〜50万人ほどの政令市・中核市を直でつなぎ、国土交通省の出先機関である地方整備局が現在行っているハード面の整備(道路、河川、港湾、空港などの整備および維持管理)の権利を各地域のブロックの拠点に移す。また、都道府県が持っている警察、医療、教育の権限も市町村に移譲し、基礎自治体がそれらを管理して、ブロック拠点の都市が広域連携するための調整役となる。こうすることでメタボ体質の国の都市制度を一気にスリム化できます。

都市への一極集中はある程度自然な流れですが、地方に権限と財源を分散させることで国も地方もいろんなメリットを享受できます。これからの時代は、政治がその選択肢を国民にしっかり示していくべきです。

私が県知事になったら「県」を解体したい

前項で「都道府県はいらない」と書きましたが、これには理由がもちろんあります。都道府県制度は、明治維新で国家の近代化を推し進めるためにつくられました。江戸時代は国と藩で成り立っていましたが、藩がなくなって国と市町村のやり取りだけでは国の負担があまりに大きくなり過ぎてしまいます。そこで中間管理職として都道府県を置き、市町村の管理をしてもらうようにしたわけです。

しかし、今は上意下達で全国を一律にまとめる時代は終わり、地方の特性に応じた街づくりをしていくのが主流となっています。つまり、都道府県制度は現代社会にそぐわない制度となっている。都道府県がなくなれば多くのムダが省かれますから、浮いたコストを市民のための施策にまわすことができるようになります。

2000年に施行された地方分権一括法では、地方の権限移譲が明文化され、これまで

「上下・主従関係」だった国と地方の関係が「対等・協力関係」になることが明記されました。しかしながら、まだほとんどの権限は都道府県止まりです。多くの首長が自分たちにある権限をないと思い込んでいることも、権限がなかなか上から下に流れていかない理由にもなっています。要は上も下も意識が旧態依然なのです。

私は何かあれば、厚生労働省でも文部科学省でも、自らアポを取って各局長を訪ねていきます。最初のころは、それを兵庫県からきつく叱られました。「まず県に言え」と。明石市の担当者から県の担当者に要望を申し入れて、それを兵庫県で決裁してから国にお伺いを立てる。半年後には回答が来るだろうからそれを待てという話です。でも実際は市長が直接出向いても、意外と中央省庁はちゃんと対応してくれます。

こんなこともありました。総務省主導の地方創生推進交付金というものがあります。建前は地方創生を謳《うた》っているので、それぞれの自治体が自由に使途を考え、交付金を使った取り組みを決められることになっています。ところが、いざどんな事業をするかをまとめた企画書を提出すると、修正をたくさん入れてきて総務省が考える案を提示してきた。「明石市はこれに従え」というわけです。そこですぐに総務省に電話をかけて「どういうことですか？　自分らで自由に使える金じゃないんですか？」と問い詰めたところ、「自由ですが、総務省の了解が必要です」と、自由なのか不自由なのかまったく理解できない応答。役所の職員は腰が引けていましたが、「何かあれば俺が責任を取るから」と納得させて、明石市が考えたプランを実施しました。結果的には、その後も何のお咎《とが》めもなしです。そもそも、総務省は市町村を従わせる権限を持っていないから当然といえば当然です。

このように恐《こわ》がることは何もないのに、多くの首長や役所職員は昔ながらの因習を引きずって国を上に見て遠慮をしているのです。

仮にもし、私がどこかの県の知事になったら、県の権限をある程度の期間をかけて県内各市町村に移し、最終的には県という枠組みはなくす方向で動きます。県を消滅させるなど非現実的な、と思われるかもしれません。しかし、地方自治法を改正すれば不可能なことではありません。

明石市のある兵庫県を例にすれば、「5つの無料化」を県内の全市町で実施します。負担額を当初は県が一部持つ形で進めつつ、段階的に県の予算を減らしていき、権限や財源を徐々に市町村に移譲していきます。

子ども医療費に関しては、たとえば福島県では県内全市町村において18歳以下の医療費を無料化しています。施策を実施する上で負担のパターンはいろいろあって、県が全額負担する場合もあれば、県と市町村で半分ずつ負担することもあります。県知事として権限と財源のバランスを見ながら市町村への移譲をうまくやっていかなければなりません。

権限と財源を移譲するのと同時に、県の職員も各市町村に移していきます。職員の異動は段階的にやっていくとして5～10年はかかるでしょう。ただ、市民の側からすると行政とのかかわりは表向きはそれほど変わらず、むしろ県民税がなくなったり、税金が安くなったり、支援策によって生活が楽になったりと、プラスになることばかりです。

明石市の市長として、市政をある程度納得のいく形にするまでに3期12年かかりました。そう考えると、仮に県知事となったとしても同じくらいの期間は必要ですし、それだけあればかなりのことができると思います。

県の枠組みをなくしていくことを市民に説明する際、構造改革を声高に叫んでも市民はこちらに振り向いてはくれません。結局のところ、行政論のようなお堅い話題は、市民・国民にとってあまり関心の向かない事柄なのです。道州制の議論をしても市民は盛り上がってはくれません。大阪都構想がそれほど盛り上がらないのは、府民が興味を持ってくれないからです。これらはすべて当たり前で、市民の興味、関心は「生活リアリティ」にあります。「こっちのほうがお得ですよ」「こちらのほうが生活が助かりますよ」「浮いたコストを市民の生活フォローに役立てます」と生活に密着した話をしなければ、市民はこちらに振り向いてはくれません。

独立国家「明石国」という夢想

こんなことを言うとまた叩《たた》かれそうですが、20代半ばのころ、私は「将来計画案」のひとつとしてこんなプランを立てていました。

40歳　明石市長になる
50歳　明石市を日本から分離独立させ、理想の国家をつくるこの計画を実現させるため、「国際公法」など国家として独立するための要件などもかなり勉強しました。

明石市の人口は2020年に30万人を突破しましたが、世界の国々を見ると2018～2022年の時点で同じ30万人台はバハマが約39万人、アイスランドが約36万人となっています。明石市より少ないのはサモア約22万人、トンガ約11万人といったところで、その他にも10万人に満たない国々もたくさんあります。現存する世界最古の共和国であるサンマリノの人口は約3万4000人、ローマ教皇によって統治されているバチカン市国にいたっては人口が600人ほどです。人口が少なくても国家は成立しています。

若かりしころの私は「明石市の市長となり、国家として独立しよう」などと夢想したこともありました。しかし、現実はそう甘くなく、2023年4月に市長を退任し、8月には還暦を迎えました。

計画を立てた20代当時、私は結構真面目に明石市を独立させるにはどうしたらよいのかを考えたものです。でも、真面目に考えれば考えるほど独立の難しさを痛感しました。20

代後半になって「やはり独立は厳しい」という結論に達したときは、人生の中であまり感じたことのない挫折感も味わいました。

だからこそ、2011年に47歳で明石市の市長になってからは、現実を見ながら「やさしい社会」をつくるにはどうしたらいいのかを考え続け、形にしてきました。財源がないといわれていた明石市で、子ども予算を2・38倍にし、市民が胸を張って「明石市に住んでいます」といえる街づくりをしてきたつもりです。

市政でさえある程度の財源が必要なのですから、国家を運営するとなるとさらに大きな財源が必要となります。中東の油田に代表されるように、国の財源を生み出す資源が必要です。当たり前のことですが、愛国心があれば独立できるといったような甘い話ではありません。

明石の資源を考えたとき、まず真っ先に「タコ」が思い浮かびましたが、タコで国づくりをするのはしんど過ぎます。新幹線から通行料を徴収する案も浮かびました。でもJRから「だったら明石を通らないようにします」と言われたらおしまいです。「独立したら貨幣を刷ろう。〝タコマネー〟というネーミングはどうだろう?」などと本気で考えたこともあります。でも考えをどう巡らせても、法律的なことをどれだけ学んでも、明石市が独り立ちして食べていける道を見出《みいだ》すことはできませんでした。

私の思想の根っこにはルソーの考え方があるので、「社会は自分でつくることができる」「社会は変えられる」という思いはずっと頭の中にあります。この世界に完璧な制度や社会がない以上、時代や状況に応じて変化していくのは当然であって、みんなで知恵を出し合い、住んでいる人たちがハッピーな社会を模索していくのが本来のあるべき姿です。

私は昔から物事を考えるときに常に柔軟に、いろんな選択肢を自分の中に置くようにしてきました。その結果、相当な数のアイデアが頭の中にストックされています。「明石市を国家として独立させよう」などという他の人から見たら突飛な発想も、そのうちの1つなのです。

〈コラム〉大化の改新まで明石市は「国」だった

明石市の歴史は古く、大化の改新（645年）以前まで、現在の明石市周辺（明石郡、美《み》囊《のう》郡、加古郡、印南《いなみ》郡など）は「明石国《あかしのくに》」と呼ばれる1つの国を形成していました。

当時の明石国には、姫路や神戸も含まれており、明石国の中心が現在の明石市の辺りでした。大化の改新以降、明石国は播磨国《はりまのくに》に編入されます。そこで姫路とは分離されることになりますが、大化の改新までは明石にとっての栄光の時代が続きました。

その後、江戸時代になって播磨国の明石郡と美囊郡を領地とする明石藩が誕生します。明石藩を現代に置き換えれば明石市に加えて神戸の西区、須磨《すま》区、垂水《たるみ》区、三木市も含まれますから、今でいうと人口100万都市です。ちなみに当時の神戸市は単なる小さな村にすぎませんでした。

明石藩となり、明石は約1000年ぶりに再び隆盛を極めます。しかし、明治維新以降は国策によって神戸が兵庫の中心として発展していきました。

図Ｄ　関西圏の中の明石市の位置

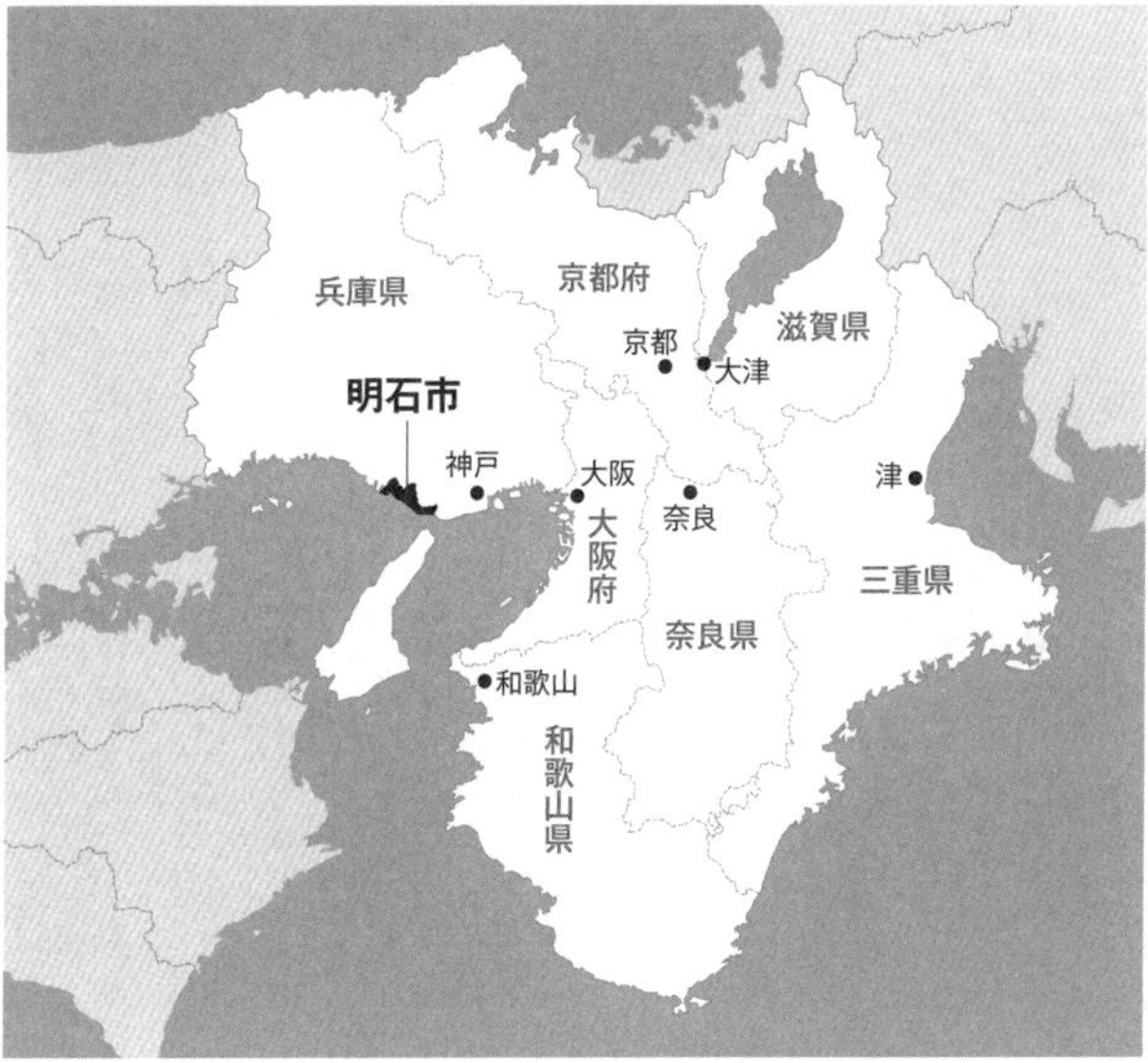

　1919年（大正8年）11月、全国で81番目、兵庫県内では4番目の市として明石市が誕生します。当時の明石市の範囲は明石川より東側、人口は約3万2000人でした。市制を祝い、5日間にわたって祝賀行事が行われ、夜になると市内はイルミネーションで彩られ、相撲大会や提灯《ちょうちん》行列、花火などでものすごい盛り上がりだったといいます。

　明石周辺の郡や村は次々と神戸市に取り込まれていき、1946年（昭和21年）には明石市も神戸市に編入されそうになりました。細かくいえば当時の明石市、明石郡大久保町《おおくぼちょう》・魚住村《うおずみ》、加古郡二見町《ふたみちょう》に神戸市から合併の申し入れがありました。その際、大久保町、魚住村、二見町からは反対意見が出ませんでしたが、明石市は「まずは戦災復興が先。合併は時期尚早である」として合併を見合わせる申し入れをしました。

その後、1951年（昭和26年）1月、明石市は明石郡大久保町・魚住村、加古郡二見町と合併し、ほぼ現在の明石市の形となり、人口も11万人を超えました。

実はこのあとの1954年（昭和29年）、神戸市から再び合併の申し入れがあり、1955年（昭和30年）1月に合併の是非を問う住民投票が行われることになりました。その結果、賛成が1万7227票、反対が3万3498票のトリプルスコアで合併は回避されました。

明石市が神戸の軍門に降《くだ》らず自主独立を選んだ結果、明石市は神戸周辺の発展から取り残されていきます。私は東京大学に入学して上京しますが、明石出身の仲間たちはみんな「出身はどこですか？」と聞かれると「神戸です」と答えていました。私はそういうシーンを目にするたび、悔しくて仕方がありませんでした。心の中で「このウソつきが。なんで誇り高き明石の名を胸張って言えんねん！」と叫んでいました。私が堂々と「明石です！」と答えると、たいていの人は「ああ、あの赤穂《あこう》浪士の」と返してきます。もちろん赤穂市と明石市はまったく違う市です。こんな屈辱感を何度も味わい、私は「いつか明石の市長となって、市民が胸を張って〝明石生まれです〟と言える街にしてやる」と心に強く誓いました。

第5章　日本が滅びる前に

日本は民衆が社会を変えた歴史を持っていない

社会契約論で有名なルソーが、「子ども」という概念を世界で初めて発見したことはすでに述べました。ルソーは「子ども」という概念を「大人」と切り離し、まったく別のものであると考えました。子どもは子ども、意思と人格を持つ1つの主体であって、「中途半端な人」でもなければ「大人の持ち物」でもない。そんなことを、私は学生時代にルソーから教わりました。

ルソーは、国家権力が国民の自由を侵害している場合、人々は国家を変えることができるという、直接民主主義につながる「人民主権」を主張しています。つまり、「人民が国家を変えていい」と革命の理論的根拠を与えたのがルソーです。彼の説いた人民主権論は後のフランス革命にも大きな影響を及ぼしました。

日本は長い歴史を遡ってみても、一般の民衆が自分たちの力で国家を変えた、あるいは社会を変えた成功体験を残念ながら持っていません。貴族や武士が起こしたクーデター的な政権交代はありましたが、民衆が主体となって国家を変えるような革命は起こりませんでした。

日本で民衆による革命が起きていないのは、大きな問題ではないか。私は学生時代からそう考えてきました。革命というと表現がオーバーですが、日本でも民衆の力によって政治を変えていくことが必要だと今でも思っています。

「政治を変えたい」と本気で思っていた私は、自分にできることは何かを考えました。そして、民衆にも力があることを日本人に気づいてもらうには、生まれ育った明石市の市長となり、実際に社会を変えたという成功事例を示すしかないと結論付けました。

「市民の力を結集し、政治を変える」。このような私の政治的なスタンスからすると、どこかの党のバックアップを受けて当選することには何の意味もありません（むしろ己のポリシーに反するので格好の悪いことだと思っています）。あくまでも市民とともに進み、市民だけを味方にして勝つ必要がありました。既得権益に塗れた組織に担がれたら、結局は何も変えられないまま任期を終えることになります。それだけは何としても避けたかったので、私は無所属で市長選に立候補しました。その結果、奇跡的に69票差で当選を果たすことができたのです。市民の声と力を集め、錆《さ》びつきかけた社会に地殻変動を起こす。そのためには自分の頭と体を極限まで惜しみなく使っていく覚悟でした。

日本のエセ民主主義を本物の民主主義にするために

市長時代、「明石市長は〝リベラル〟だけど、思想の〝左右〟を越えて政策が支持されている」というようなことをよく言われました。でも私は自分自身のことを〝リベラル〟とも〝左〟とも〝右〟とも思っていません。古い権力者目線の政治を、本来あるべき国民目線の政治に変えていきたいとの思いで努力を重ねてきただけです。

先に触れましたが、日本は今までの歴史の中で民衆が自分たちの力で社会を変えたという成功体験を持っていません。貴族階級や武士階級の中でクーデター的な政権交代がちょっとあったくらいで、民衆が主体となった社会変革や革命は起こっていない。

かつての日本は、天皇や武士が国土を支配した時代が長く続きました。その社会構造が明治維新によって変わり、そこで民主化が進んだかというと決してそんなことはありません。あれは薩摩《さつま》藩、長州藩が中心となって起こしたクーデターのようなものです。戦後の日本は表向きは民主主義国家となりましたが、これも国民ではなくＧＨＱ（連合国軍最高司令官総司令部）によってつくられました。このように、日本には民衆が自分たちの力で民主主義を勝ち取った歴史がないのです。

ヨーロッパ諸国をはじめ、世界には民衆が起こした革命によって国家をゼロからつくった国々がたくさんあります。私は民衆が立ち上がってつくった国家こそが、本当の民主主義国家だと思っています。

日本の民主主義は仮面を被《かぶ》った民主主義で、実際はただの一度も民衆が本当の民主主義にコミットできていない。だからいつまでたっても支配者に頼る、あるいは支配者のいいなりになる「お上意識」に囚われたままです。日本人は「自分で何とかしよう」という主体性に乏しく、「誰かが何とかしてくれるだろう」という人任せな考え方の人が多過ぎます。それが、日本の政治的変化を遅くしている要因にもなっています。

税金は国民のためにあまねく使われず、とくに一部の人間を潤すようないびつなものとなっています。これでは、江戸時代の年貢と何ら変わりません。でも、多くの日本人はそのことに関して政府に文句をつけるでもなく大人しくしています。

ヨーロッパでは中学生くらいから自分たちが暮らす社会の仕組みや政治、税金のことなどを学びます。自分たちがつくった社会を、よりよい方向に変えていくにはどうしたらいいかを子どものころから考えているわけです。自分たちの社会にコミットし、間違っているところがあれば正していく。これからの日本に必要なのはこのような「社会や政治に積極的にコミットしていく」姿勢だと思います。

日本にはまだ本当の民主主義が育っていないものの、明石市長を務めてきた人間として、市政を変えられたこと、そして冷たい街をやさしい街に変えていけたことで、この国における民主主義の可能性を十分感じています。

既得権益に群がり、利権を独占しようとする一部の団体や組織のいいなりだったのが、これまでの日本の政治家です。でも、私はそういった既得権益とは一線を画し、常に市民のためだけに働いてきました。そんな私を見て「この人なら、本当に今の社会を変えてくれるかもしれない」と思ってくれる人が時間を追うごとに増えたのは事実です。ツイッターなどで「がんばってください」とか「泉さんは希望です」と言ってくれる人が少なからずいることが、大いに私のモチベーションにもなりました。

私は民主主義にはプラスとマイナスがあると思っています。単純に「民主主義だからイエス」ではありません。ただ、こんな私でも市長に立候補できるという意味においての民主主義は認めています。しかも私のような人間を当選させてくれるのですから、民主主義には感謝しなくてはなりません。また、選挙における「1人1票」は権力者も一般庶民も、金持ちも貧しい人も等しく1票です。このようなフェアな制度があることも、民主主義の美しい点です。

私は市民のために既得権益と闘い、「全政党が敵」とずっと言い続けてきました。労働組合にも応援してもらったことはありません。私の味方は常に市民だけでした。市民を味方に、市民とともに街を変えてきました。そう考えると、私自身の歴史がまさに民主主義だともいえます。口幅ったい言い方をすれば、民主主義を具現化してきた12年間でした。

政治家が決断せず官僚に従っている国、日本

ドイツの社会学者であるマックス・ウェーバー（1864～1920）は近代官僚制を本格的に研究した人です。彼は研究の中で「官僚は政治をなすべきではない」「最良の官僚は最悪の政治家である」と述べています。なぜなら、政治とは「責任」を負うことで、その覚悟があって初めて政治的な決断が可能になる。その「責任の原則」から考えると、官僚は正反対の原則の下に立って行動する人たちだから政治家には向いていないというわけです。官僚から転身した政治家は日本にもたくさんいますが、国民の給与が30年間変わらず、物価だけが上がっていく今の日本の体たらくぶりの原因がここにもあるような気がします。

マックス・ウェーバーが言う通り、官僚は政治に向いていません。官僚という人種は、組織防衛は得意ですが方針転換は苦手です。第4章で少し述べましたが、官僚はおしなべ

て「前任者のやってきたことは正しい」という前例主義に囚われている人たちです。そのため、今では機能していない制度であったとしても決して変えようとはしません。前例を変えることは、自分たちを否定することにつながりますから、改善、向上よりも組織を守ることに全力を尽くします。その時々の状況に合わせて変化、対応、決断していかなければならない政治家とは、与えられた役割も仕事もまったく正反対なのです。

とはいえ、官僚は省庁という囲いの中の1人なので、組織防衛に走るのはある意味仕方ないことだといえます。それよりも問題なのは、今の政治家たちです。自分たちは国民から選ばれたにもかかわらず、その民意を無視して牙を抜かれた虎のごとく官僚たちのいいなりになってしまっている。これが最大の問題であり、日本経済が長く低迷している最たる理由です。

政治家は、官僚たちをうまく使って政治決断をしていかなければなりません。ところが、今の政治家たちは自ら決断せずに官僚の顔色をうかがってばかり。日本経済低迷の責任は官僚ではなく、官僚を指示する立場にあるにもかかわらず決断責任を放棄し、官僚に迎合してしまっている政治家たちにあります。

政治家は、選挙で得た票を裏切らず、自分の信念や政策を実現するために努力することが求められます。その努力こそが、まさしく「決断と実行」なのです。

私が総理大臣なら何をするか

岸田文雄総理大臣は2023年1月の年頭会見において、「子ども予算倍増」と打ち出しました。しかし、必要な政策を整理した上で予算倍増に向けた大枠を6月に示すとのことだったので、そのニュースを知った私は「どうして『今』じゃないのか。『防衛費』だと即断なのに『子ども予算』だと先送りの理由がわからない。ちなみに財源不足を理由に『増税』や『保険料増額』はやめてくださいね」とすぐさまツイートしました。

もし私が今、総理大臣になったら「子ども予算を倍にするので財務省、各省庁で調整してください」と言って終わりです。総理大臣には閣僚を任命できる権利があり、さらに各大臣は事務次官を任命できるため、実質総理大臣が内閣の人事権を握っています。この権限をうまく使って各省庁を動かせばいいだけです。総理大臣がそう言えば、閣僚も事務次官も従うしかありません。つまり、総理大臣が本気になり、「子ども予算を2倍にする」

と腹をくくればいいだけなのです。

ついでに言うと、総理大臣になって好きに法案がつくれるなら、議員内閣制をやめて「大統領制」を導入します。市長や知事は市民によって選ばれますが、首相は与党の国会議員に選ばれるので、国民をろくに見ずに有力な与党議員の顔ばかり見て政治をします。政治家は本来民衆のほうを見て仕事をするべきものなので、国民によって選ばれる大統領制は民主主義に沿った理想の形態です。ただ、国会議員は首相を選ぶ権利を有していることが彼らの力の源泉でもあるので、そう簡単には認めないでしょう。


私は市長就任1年目に市営住宅の建設をすべて中止にして、ゲリラ豪雨対策として600億円をかけて行う予定だった下水道整備を150億円にまで縮小しました。そうすることで、子ども対策に予算をシフトしたのです。このようにして、各省庁の事業を個別に見ていけば相当の過剰な予算を省けます。その浮いた分を子ども予算にまわせば、2倍どころではなく3倍にだってできるはずです。

私から見れば、国土交通省の予算などは半分でいいと思います。「マスト」「ベター」

「メイ」「ドント」でいえば、国土交通省が進める事業は、「メイ」に近い「ベター」ばかり。たとえば、極端な例でいうと、山奥の1軒の家を守るために山崩れ対策の砂防工事をしたりするわけです。工事に何十億もかけるなら、住民に安全な場所に移ってもらうための補償をすればいい。でも、彼らは自分たちの権益確保が一番大事なのか、そんな合理的な判断はしないようです。

省内の部や課ごとに、自分たちの業績・成果、すなわち使った金額を示すグラフがあるのですが、おもしろいのは過去のグラフはすべて右肩上がりになっている。つまり、使った金額がどれだけ多いか、それを右肩上がりで見せる競争を同じ局内でしているわけです。それを見ると、どれだけ莫大でムダな税金が投入されていることか、まったくため息が出ます。利権に群がっている業界団体や建設会社は困るでしょうが、国土交通省の予算は半減したところで国民のほとんどは困りません。

こんなことをしているのは、国土交通省だけではもちろんありません。経済産業省などもなくてもいい組織だと思います。それ以外にも中央省庁には相当なムダがありますから、それらを省いていけば増税などすることなく、国民を支援するための施策をいろいろと打ち出せます（省庁の再編に関しては後述します）。

各省庁のムダを省こうとすれば、かつてないほどの抵抗を受けることは必至です。それを成し遂げるには、前提として国民世論を味方につけておく必要があります。予算を大幅にシフトするにはその他にも政治的にさまざまな要素が絡んできます。しかし、「子ども予算倍増」を増税することなくできるかといえば、制度上は十分可能です。総理大臣が覚悟を決めればいいだけなのです。

子ども予算を倍増したところで、国家予算全体から見ればその額は微々たるものです。私なら子ども予算を倍増したあとも矢継ぎ早に子育て支援、教育支援などに予算をまわします。最初は「大学の学費を半分補助します」と打ち出して、段階的に補助額を増やしていけば「子どもを産みたい」と思える人も出てくるでしょう。そうやって国民に安心感を与える支援とメッセージを出し続けることが、今の日本にはもっとも重要なのです。

防衛費でミサイルをあれほど買えるのだから、総理大臣がちょっと本気になれば「子ども予算倍増」も一瞬で済む話です。結局は総理大臣も財務省の抵抗に屈しているのでしょうが、日本のために一刻も早く本気になってくれることを望むばかりです。

中央省庁を解体・再編せよ

日本の政治を動かしているのは中央省庁の官僚たちです。日本は民主主義国家ではなく、官僚主義国家です。さらにその官僚たちと大手マスコミ（大新聞、大テレビ局など）が結託して政府、官邸に有利な情報しか流しません。官僚主義をマスコミが補完し、決断すべき政治家たちは官僚たちにいいように扱われています。

中央省庁の中でも一番の力を持っているのは、国の財布の紐を握っている財務省です。しかし、財務省の官僚たちは驚くほど賢くありません。本当に賢いのであれば、国民に負担を転嫁するような増税ではなく、予算のやりくりだけで新たな政策を実現できるはずです。財務省の官僚たちが考えているのは自分たちの保身であって、国民のことを中心に考えているのではないように思います。

官僚主義を脱するには、まずはムダだらけの中央省庁を再編する必要があります。２０01年、自公保連立政権時に一度再編されたことがありますが、あれは名前のすげ替えをしてお茶を濁した程度で抜本的な再編には至っていません。2023年4月に新設されたこども家庭庁は縦割り行政の弊害を解消するといいながら、文科省と厚労省の横のつながりが強化されているとは言い難い状況です。厚労省は厚生省と労働省が統合されて生まれた省ですが、労働省はむしろ経済産業省と組んだほうが合理的かもしれません。他にも「この省のこの部局は本当に必要なの？」というところがたくさんありますから、再編合理化を進めれば相当の予算も人員も浮かせることができるはずです。ムダの権化ともいえる財務省も一度解体、再編してみるべきです。

イギリスの歴史・政治学者であるシリル・ノースコート・パーキンソン（1909〜1993）は、その著作『パーキンソンの法則』で官僚組織の非合理性を指摘しています。官僚組織は肥大化していく特質を持ち、その「成長の法則」において、実際の仕事量に関係なく役人の数は増え続けていくものであると述べています。要するに、放っておけば官僚組織はろくに仕事もせずに人数ばかり増えていくということです。聖域として守られ、長期間誰も手をつけることのできなかった中央省庁は、第三者によって組織全体の精査をする必要があると考えます。

市長を12年してきた感覚でいうと、市民のためにどうしても必要な市役所の仕事の量はそこまで多くなく、してもしなくてもいいことをしている面があります。都道府県の庁にいたっては、半分近くの仕事はムダなように思います。

ただ、私は「公務員を減らせばいい」という考えは持っていません。日本は人口に対する公務員比率は少ないので、国民をしっかりサポートするために必要ならば、公務員の人数は増やすべきだという考えです。

大勢の人が暮らすこの社会の中で、公の仕事は欠かすことのできない重要な職種です。人類は独りぼっちで生きていける生き物ではなく、助け合いながら生きていかなければなりません。それを調整する公の機能として行政は不可欠です。ですから、当然そこで働く公務員もこの社会には必要な存在なのです。

今、問題なのは公務員の人数ではありません。官僚を含む公務員たちがしなければいけない仕事をせず、しなくてもいい仕事をしていることです。なおかつそのために湯水のごとく税金をムダ遣いしている点です。

私が市長になって以降、明石市のすべての仕事を見直して総人件費を削減しました。そしてその見直しが2020年くらいにほぼ終わったため、そこからは必要に応じて人数を増やしてさらなる市民サービスの充実を図ってきました。その結果、2020年を機に、明石市の人件費は少しずつ増加しています。

公務員は国民の税金で雇われているのに、国民のほうを向いて仕事をしている公務員はほんのわずかしかいません。その仕事が本当に国民のためかどうかわからないような仕事が多過ぎるのです。ですから、当の本人たちもどっちを向いて仕事をすればいいのかわかっていないのでしょう。そういう意味では、中央省庁のみならず地方自治体も、今一度業務を整理し、組織体制や人員も見直していく必要があります。

消費税増税という発想の誤り

2023年1月、自民党の甘利明《あまりあきら》前幹事長は少子化対策の財源として将来的には消費税率の引き上げも検討対象になると述べました。この発言は党内でも反発を招いたようでその後、「引き上げるとなると相当景気に影響する」という理由で改めましたが、腹の内では増税を言い出すタイミングを計っているのかもしれません。

繰り返しますが、日本の国民は、諸外国並みに十分な負担をしています。消費税は10パーセントですが、保険料負担（国民健康保険や介護保険など）は諸外国より重く、国民負担率は47・5パーセントと5割に迫っています。少子化財源確保のために、社会保険料を増額させる案も出ていましたが、国民負担をこれ以上増やしたら、少子化はますます加速するばかり。国は社会保険料や増税で新たな負担を求めることなく財源を確保すべきです。

昔は消費税など必要ありませんでしたが、消費税が導入されて以来、3パーセント、5パーセント、8パーセント、そして10パーセントと税率は上がり続けています。昔は介護保険料も必要ありませんでした。それが他の保険料ともども次々と値上げになり、国民の生活は苦しくなる一方です。日本人の平均年収は、この30年間ほとんど上がっていません。収入は変わらず、出ていくお金だけは増えていく。これを「政治の失敗」と言わず、何と言えばいいのでしょう。

失敗の最大の原因は政府が「経済が国民を豊かにする」と勘違いしていることにあります。国民を豊かにするのは「政治の役割」であって「国民が豊かになってこそ、経済もまわる」のです。政府も閣僚も与党も官僚も、その順番を勘違いしています。

私は市長としてまず「市民を支援する」ことで、地域経済を活性化させ、税収増を実現しました。子育て世代の多くは、日々のやりくりに四苦八苦しています。この世代を支援すれば、可処分所得が増えて地域経済の活性化にもつながり、市の税収も増え財源が生まれます。実際、明石市は2013年度からの8年間で主な税収だけで32億円もアップし、市の基金は市長就任から11年間で51億円積み増しました。子ども施策を最初のきっかけにして、経済や地域の好循環が生まれ、さらなる子育て政策の充実につなげたのです。「少子化対策には増税が必要」という考え方は根本的に間違っています。

消費税などの税率は標準税率（10パーセント）と軽減税率（8パーセント）の複数税率となっています。私はこの軽減税率の適用対象の品目をもっと増やすべきだと考えています。

現状の軽減税率適用対象は「酒類・外食を除く飲食料品」と「定期購読契約が締結された週2回以上発行される新聞」となっています。「国民の知る権利」と言うなら、なぜ新聞だけ対象となり、書籍などの図書類が省かれるのか理解できません。

また、飲食料品に関しては、私は消費税をゼロにするべきだとも思っています。生理用品などの生活必需品の消費税もゼロにすべきです。

消費税を全部ゼロにしろとは言いません。ただ、多くの国民が苦しんでいる今の状況を政治の力で改善していくことは絶対に必要です。そのためにまずは消費税の見直しを進めていくことが必要です。

その一方で、外食したときの料金がこれほど安いのは先進国の中でも日本だけです。欧米に行ってハンバーガーを食べたら1人2000円は軽くかかります。日本の外食が安いということは、そこで働く人の給料も安いということに他なりません。日本で働く人たちの労働環境の改善、賃上げも同時に考えていく。国民を豊かにすることこそが、政治の重要な役割のはずです。

官邸の広報紙に成り下がった大新聞の罪

私は学生時代からマスメディアに強い関心があり、大学を卒業してNHKに入社しました。マスメディアの一員となり、政治のあり方を正し世の中を是正する。国民の立場になって、社会を正しい方向に導く。それがマスメディアの役割であると信じていました。だからこそ、マスメディアに期待して、私もその一員になって社会に貢献しようと思ったのです。

しかし市長として仕事をした12年間でマスコミ、とりわけ大新聞と大テレビ局にはがっかりしました。期待が大きかっただけに、現実を知って大きく失望したのです。

私は、体を張ってでも市民を守るのが市長だと思って仕事を続けてきました。市民に辛《つら》い思いをさせたり、悲しませたりさせる国や県に真正面から向き合い、市民を守るために本気で闘ってきました。口幅ったい言い方かもしれませんが、「もし撃ってくるんだったら俺が盾になる」という思いだったのです。

メディアと一口にいっても、今はテレビ、新聞、出版（雑誌）、ネットとそれぞれ特色も方向性も違います。明石市の行政を好意的に報じてくれるのは、ほとんどがネットメディアです。雑誌メディアも比較的、私のビジョンや姿勢を掘り下げてくれます。

しかし、新聞とテレビは、やたら明石市を敵視した批判的な報道ばかりが目立ちます。たとえば、子育て施策をはじめさまざまな施策を実施するには、ムダな予算を削ったり、緊急性の低い事業を後回しにしたりして、必要な施策にお金を投入するわけです。市長としては当然、どこにもしわ寄せがいかないよう配慮しています。ところが、新聞などはろくに取材もせず、憶測だけで「高齢者施策は不十分」とか、明石市の人口が増えれば「明石は人口増を追求し過ぎ」と叩くわけです。きちんとした分析も背景を深く考えることもせず、毎回、紋切型のイメージパターンに落とし込むだけの報道ぶりです。こんな空っぽの記事なら、チャットGPTにでも書かせたほうがよほどましな記事になるでしょう。

中には丹念に取材をして記事を書いてくれる記者もいましたが、デスクの思惑で肝心のエッセンスが骨抜きになった形で直されたり、ひどいのになると上司の浅い思慮によってボツにされたケースもありました。志のある記者もそれなりにいますが、多くの記者はジャーナリストというより、組織のサラリーマンにすぎないんだなという印象です。

2023年に発表された「報道の自由度ランキング」（国際ジャーナリスト組織「国境なき記者団」）において日本は68位でG7の国の中では最下位でした。今や日本のマスコミは、大本営発表を繰り返すばかりで、「報道の自由」が著しく欠けています。政治家や官僚に忖度《そんたく》し、増税や保険料負担を国民に押し付けるための前さばきのごとき報道を続けています。国民の側につき、政治をチェックしなければならないマスコミ、中でも新聞というメディアは官邸の広報紙に成り下がってしまいました。

最近では少子化対策の財源がないからと、「消費税を増税しなければならない」「社会保険料を上げないと対応できない」と大手新聞が恥ずかしげもなく政府の言い訳を喧伝《けんでん》しています。本来、マスコミが国民に知らせなければならないのは、「国民は十分負担している。これ以上、増税などで国民が負担する必要はまったくない。政治家たちよ、しっかり仕事をしろ」ということです。

マスコミ、とくに新聞各社には、「国民の生活状況や子どもの貧困にも心を寄せてください」と強くお願いしたい。生理用品すら手に入れにくい子どもがいるのが今の日本の現実です。必需品の生理用品が消費税10パーセントで、なぜに新聞だけが8パーセントの例外扱いなのでしょうか？　権力におもねることなく、国民の側に立った報道を重ねてお願いしておきます。

恩師・石井紘基《こうき》さんに学んだこと

大学卒業後、私はＮＨＫに入社して、その後テレビ朝日に移り『朝まで生テレビ！』の草創期に番組スタッフとしてかかわりました。そのころ、石井紘基さん（当時は社会民主連合事務局長）の本を読んで感動した私は仕事を辞め、石井さんを国会に送り込むために秘書になりました。

私は住まいを石井さんの自宅のそばに移し、必死で選挙（１９９０年の衆議院議員総選挙）を応援しました。しかし、残念ながら石井さんは次点で落選となりました。石井さんに「当選させることができず申し訳ありませんでした。次こそがんばりましょう」と謝ると、「これ以上、君を引っ張りまわすわけにはいかない。騙《だま》されたと思って、まず弁護士になりなさい。君はいつか政治家になる。でも急いではいけない」と強く言われました。そこで私は一念発起。司法試験を受けるために猛勉強を続け、弁護士となって１９９７年、33歳のときに地元の明石に戻りました。

きっと石井さんは、勢いだけで突っ走っていた私に「まずは世の中のことを知りなさい」と言いたかったのでしょう。石井さんは「弁護士として本当に困っている人を助けなさい。いずれ政治家となったとき、弁護士としての経験が必ず生きてくるから」というアドバイスもくださいました。

石井さんはその後日本新党へ移籍し、二度目の挑戦となった1993年の衆議院議員総選挙で初当選を果たします。我が恩師でもある石井さんは、ひと言で言えば「正義の人」でした。本気で「国民のための政治」の実現をめざしていました。「政官財の癒着で国民の金が浪費され、日本が自滅する前に何とかしたい」とよく言っておられたのを覚えています。税金の横流しやムダ遣いを許せず、石井さんは国の不正や特別会計の問題を議員として国政調査権をフルに活用して調べ上げ、追及し続けました。そして、徹底的な調査の末にその闇を暴こうとした矢先、2002年10月に自宅の前で刺殺されてしまいました。

私はこの石井さんの最初の秘書であり、その遺志を継ぐ政治家の1人です。

私が読んで感動した石井さんの本は『つながればパワー　政治改革への私の直言』（創樹社、1988年）というタイトルでした。石井さんは民衆が手をつなぐことでそれがとてつもない力になり、その圧倒的なパワーが政治を変えていくのだと信じていました。政治家として、民衆の力を信じる石井さんの姿勢から、私は多くのことを学びました。

石井さんの非業の死から21年。政官財の癒着はさらに進み、今ではマスコミまでがその仲間に加わっています。時々、思います。「天国の石井さんは、今の日本をどう思っているのだろうか……」と。


私自身、市長就任1年目に公共事業費を大幅に削減した際、自宅ポストに「殺すぞ」「天誅《てんちゅう》が下るぞ」と殺害予告を投函されたり、小動物の死骸を庭に投げ込まれたりしました。それ以降も市長だった12年間、手紙やメールなどさまざまな形で「殺すぞ」と脅され続けてきました。

でも、私の中には石井さんの「血」が流れているので、殺害予告を受けたからといってひるんだり、方針転換をすることは絶対にありませんでした。「殺されるかもしれない」という危機感は常に持っていましたが、でも、不思議とどこか達観しているところもありました。神様が私を使って仕事をさせているのならば、誰かに殺されるのは「お疲れさん、もういいよ」という意味です。でも私はまだ生きている。ということは神様は「まだやるべき仕事があるよ」と仰《おっしゃ》っているに違いない。ならば弾《たま》が当たったくらいでは、私は多分死なないだろう。そんな思いを抱きながら、市長としての社会的な「役割・使命」を忠実に果たしてきた自負はあります。

マザー・テレサとロールス・ロイス

市長をしていた2022年ごろ、ネットのアンケートで「泉房穂のこと好き?嫌い?」という投票が行われ、「好き派35パーセント」「嫌い派65パーセント」という結果になりました。実態を見ずに暴言市長というイメージだけで見ている人もそれなりにいると思いますが、嫌いでも無関心よりははるかにありがたいことです。

インドのコルカタで病や貧困にあえぐ人々の救済活動に生涯を捧《ささ》げた、私の尊敬するマザー・テレサ(1910~1997)も「愛の反対は憎しみではなく無関心」と言っています。

もちろん、私は好かれるために政治をやっているわけではありません。嫌われようが、バカにされようが、やるべきことをやるというのが私の政治的スタンスです。もし、アンケートで「好き派100パーセント」になれば、逆に私が仕事らしい仕事をしていないことになると思います。誰にでもいい顔をする仕事などありえないからです。

私がマザー・テレサを尊敬しているのは、心の底から「この人はすごい」と思えるからです。この世の中で私がそんな念を抱くのは、先述した石井紘基さんとマザー・テレサくらいしかいません。

マザー・テレサはすべてを捨てることで、自分の人生を豊かにしていきました。本人は家族も財産も持つことはありませんでした。マザー・テレサは徹底して民衆に身を捧げた人なのです。

マザー・テレサはローマ法王から超高級車のロールス・ロイスをもらったことがあります。マザー・テレサなら「いりません」と断りそうなものですが、彼女はそのロールス・ロイスをもらい、それを景品とした宝くじを販売することにしました。宝くじはロールス・ロイス1台の値段よりもはるかに上を行く売り上げとなり、マザー・テレサはその資金を元手としてハンセン病で死にゆく人のための家を造ったといいます。

私利私欲でなく、名誉でもなく、ただ困っている人を救うために生きる。その目的意識の高さと自由な発想、手法はまさに私の目標とするところでもあります。

１９７９年にノーベル平和賞を受賞した際の有名な逸話があります。「世界平和のために、私たちは何をするべきでしょうか？」とインタビュアーから質問されたマザー・テレサはこう答えたといいます。

「家に帰って、家族を大切にしてあげてください」

人に対して、当たり前のことを普通にする。それを続けていくことこそが一番重要である。私は、マザー・テレサの答えの意味をそう解釈しています。世界的に高い評価を受け、伝説の人物となっていますが、本人が生きていたころはごく普通に、淡々と生活をしていたのではないかと推測します。貧しく、誰からも見捨てられたような人生を生きた人が死ぬ最期の瞬間に、マザー・テレサは何も言わずそっと手を握り、ただ寄り添いました。でもマザー・テレサがそうすることで、死にゆく人は人生の最後に、生きていたことの意味を感じることができたのではないでしょうか。自然の流れに逆らうことなく、自分の「役割・使命」を果たすことだけに注力する。そんなマザー・テレサの生き様は、私の人生にも大きな影響を及ぼしています。

もう1人、「自分の役割と使命を果たそうとした」という意味では、フランスの第18代大統領であるシャルル・ド・ゴール（1890〜1970）も、私には見習うべき点の多い人物です。

ド・ゴールは豪傑というイメージがありますが、彼は失敗しないように演説の練習に必死に取り組むなど、とても繊細な面を持った努力家でした。ド・ゴールは、フランスの栄光のためだけに人生のすべてを捧げました。だからこそ「私がフランスだ」という自負心も強く、フランス国家の象徴としてふさわしい態度を取ろうと全神経を常に使っていました。

私は学生時代、机の前にド・ゴールの残した言葉を紙に書いて貼っていました。その言葉とは、「偉業は偉人を得ずして成ることはない。そして、偉人たちは偉人たらんと決意する意志力により偉大になる」というものです。結局のところ、強い意志がなければ物事は成就しません。その意志力の大切さを、私はド・ゴールから学んだのです。

今の時代に必要なリーダーは「転換を図るリーダー」

私は子どものころから気づけば集団の中心にいるようなタイプでした。決して「みんなをまとめるリーダーになろう」と思っていたわけではないのですが、リーダーの資質はどうやら早くからあったようです。10歳で「明石市の市長になろう」と真剣に考えていました、そのころ所属していた少年野球チームではキャプテンも務めていました。

東京大学時代は駒場寮の委員長をしたこともあります。学生運動のリーダーとなり、東大最後のストライキの実行委員長にもなり、機動隊とも対峙《たいじ》しました。今振り返ると若気の至りで何とも恥ずかしいばかりですが、18歳のころからたびたび街頭演説なども行っていました。

自分の人生でずっとリーダー的な役割を担ってきたため、若いころからリーダーシップに関する書物は数多く読み漁《あさ》りました。いろんな本を読んだ上でいえるのは、「正しいリーダー像」は1つではないということです。人それぞれ、リーダーの考え方によってやり方は異なります。時代や状況、環境に応じてリーダーに求められるものも変わってきます。

人は「0から1を生み出すのが得意」なタイプと、「今ある1を2、3と増やしていくのが得意」なタイプに分けられると思います。私は間違いなく「0から1」のタイプです。そう自覚しているので、誰もできなかったことを形にしていくのが自分の役割・使命だと思って12年間市長として新たな取り組みを続けてきました。

また、言うまでもありませんが、私は「ボトムアップ型」でなく、「トップダウン型」の市長でした。私は市長として、それまでの市政から大きな転換を図る使命を負っていました。迅速に子どものための政策や福祉に予算をシフトし、それらを担当する職員の増員を図るには、トップダウンでないと、到底実現できなかったのです。

今、日本は問題が山積し、国難ともいえる状況です。こういう時代には、「延長・継続を図るリーダー」ではなく、思い切った決断をして状況を打開していく「転換を図るリーダー」こそが強く求められます。とくに政治家は変革する力が必要です。

繰り返しになりますが、誰からも好かれるリーダーというのは、はっきりいって仕事をしていないリーダーだと思います。きちんと結果を出すリーダーというのは、たいてい一部からは反発があったり、嫌われたりするものです。ことに「転換を図る」ような新しいことを始めるリーダーは、既得権益を持っている勢力から必ず反発を食らいます。しかし、リーダーを嫌う勢力がいるということは、そのリーダーがちゃんと仕事をしているということになるのです。

リーダーの「使命・役割」という観点から考えると、私は「自分がしたいこと」というよりは「自分がしなければならないこと」「自分だからできること」に注力して市長を務めていました。また、私にとっての市長の任期終了は「ゴール」ではなく、「次の走者にタスキをわたす機会」だという認識でした。リーダーは自分の務めをしっかり果たして、次の人につないでいくのも使命であり、大事な役割なのです。

政治におけるSNSの可能性と危険性

私は2021年12月からツイッターを始めました。SNS隆盛の昨今、私は実際にやっているSNSはツイッターだけですが、ネットの力の大きさを日々実感しています。

ツイッターの日本語版がリリースされたのは2008年のことです。以降、政治家も次々とツイッターで情報を発信しています。私も2011年の市長就任前から「ツイッターをやってみようか」と思っていたのですが、迷った末にとりあえず「時期尚早」と結論付け、いったん見送ることにしました。

私は自分の性格をよくわかっています。はっきりものを言う質《たち》だし、失言も多い。ツイッターを始めたら「炎上」になることは十分わかっていました。市長就任早々、市政に全力を注がなければいけない時期に余計なエネルギーは使いたくありません。また、名前も顔も大して知られていない私がツイッターを使って市民を鼓舞したり、世論を味方につけたりすることも難しいだろうと判断しました。このような理由もあり、いったんは、ツイッターをあきらめたわけです。

その後、ツイッターを始める転機となったのが、２０２１年12月21日の「旧優生保護法被害者等の尊厳回復及び支援に関する条例」の可決です。私のライフワークとしてこの条例は絶対に通さなければなりませんでした。議会の反対などもあり、非常に厳しい道のりでしたが、本会議で可決されたときには今までの苦労が報われたうれしさで涙があふれるほどでした。

このとき、私は自分がめざしてきた「やさしい社会」を明石市で一定程度実現できたことを実感しました。そして、「このやさしい社会を明石から他の自治体に広げていく」方向に舵を切るなら今だと思いました。

そこで、周りの幾人かに「ツイッターを始めようと思うんやけどどうやろか?」と相談しました。すると案の定、ほぼ全員が「ツイッターはやめておいたほうが……」という意見。周りの人たちが声を揃えてそう言うのも理解できました。しかし、アンチと言われる方や強い批判に対して、理解してもらえるように努力を重ねることも市長の仕事です。

ローカルな明石市の情報は、マスコミもなかなか報道してくれません。やさしい社会を日本に広めるには、私から市民、国民にダイレクトに情報発信できるツイッターを使うしかない。私は覚悟を決め、条例が可決されたその日からツイッターを始めたのです。

以来、「明石でできることは他の自治体でもできる。もちろん国でもできる」と発信を続けてきました。その効果もあって2022年の終わりごろからは、明石市の施策が全国に広がり、国にも影響を与え始めたことを実感しています。

ヨーロッパではデモが盛んですが、日本は国民の気質なのか、デモのようなことは苦手とする人が多いようです。しかしツイッターをはじめとするＳＮＳはそんな日本人でも声を上げやすいツールといえます。素朴な思いが形となり、その一つひとつが積み重なって大きな力になる。明石市で始めた「所得制限なし」の「子ども医療費の無料化」が全国に広がっていったのは間違いなくＳＮＳの影響力があったからです。ＳＮＳを使えば、民衆の力によって政治を変えることは可能なのです。

また、最近は、ツイッターによって市民とダイレクトにつながっていることを強く感じます。先日も街を歩いていると、若い人からいきなり「ありがとうございました」と言われ、何のことか聞くと「この前、引用ツイートしてもらって」とのこと。ツイッターで拾った声や感想を政策に反映することもあります。

ツイッターのさらなる可能性を感じている一方で、政治家としてツイッターに潜む危険性も十分に認識しています。

ツイッターは１４０文字という文字数の制限があります（有料サービスのツイッター・ブルーの場合は本書刊行時点で５００文字まで。ツイッター・ブルーは、その後「Ｘプレミアム」と名称変更）。文字数が少ない分、誤解も招きやすく、それによって批判の原因になることもしばしばです。政治家として使うにはリスクの高いツールともいえますが、デメリットを上回るメリットがあるので今のところツイッターをやめる気はありません。

ツイッターを始めた当時、私はその理由をこう記しました。

① 説明責任を果たし
② 明石市の施策を全国に拡《ひろ》げ
③ 自分も楽しむため。

開設一カ月足らずでフォロワー数は8万人、途中で休止もしましたが2023年7月には48万人を超えました。でも、大切なのは、数よりも共感や理解の広がりです。いわば「量より質」が大事との思いです。今後も硬軟取り混ぜ、ツイッターも含めてしっかり発信を続けていくつもりです。

「詰将棋」の発想でやってきた

暴言市長と揶揄《やゆ》されていたからか、私のことを豪放磊落なタイプだと思っている方はとても多いようですが、そこはちょっと誤解があるようです。むしろ私は「石橋を叩いて叩いて、それでもまた叩いてからわたる」くらいの慎重派なのです。今までの人生で冒険などしたことはありません。負け戦もほとんどありません。

将棋にたとえれば、私は「詰将棋を詰みきってから動く」タイプです。何となく「こうじゃないかな」と思って動くようなことは絶対にしない。相手の手も読みつつ、先の先まで手を考えます。そして「こう指したら詰める（勝てる）」と読み切ってから動くのが、私のやり方です。

将棋を指しているとき、角や飛車といった大駒を捨てると、多くの人は「そんな大事な駒を捨てるなんて愚かなことをするな」と言うと思います。でも私はずっと先の手まで考え、「この局面でこの駒があると邪魔だ」と思えば、躊躇なく大駒を捨てるようなことをします。「大駒だから」「貴重なものだから」と流れも読まずに、角や飛車を残しておくようなことは絶対にしません。先のことを突き詰めて考えれば、「目的は何なのか」「その目的を達成するためにどういう段階を踏んでいかなければならないのか」が見えてきます。また、目的を達成するためなら、時に大駒を手放さなければならないこともあります。また、場合によっては歩などの軽い駒が局面を打開することもあります。このように私は何事も詰将棋の要領で、「こうやったら勝てる」「こうやったら目的を達成できる」と確信してから動くようにしています。

司法試験に受かり、第49期司法修習生として司法研修所に入ったときのことです。当時はほぼ全寮制で同期の仲間たちでサークルなどをつくり、研修の傍らでいろんな活動をして過ごしていました。

同期に元大阪市長の橋下徹《はしもととおる》氏がおり、彼とはラグビーサークルで一緒に活動していました。またそのサークルとは別に、自分で手話のボランティアサークルを立ち上げました(当時私は手話通訳3級の資格を持っていたので)。私自身は弟のこともあって、障害者関連のボランティア事業には幼いころから携わってきましたが、司法修習生となり、自分の周りを見渡すと障害者と触れ合ったことのない人が多いことに気づきました。せっかく何かの縁で巡り合った同期のメンバーです。障害者と交流した経験は、社会に出てからきっと何かの役に立つはず。そう思い、仲間たちに障害者との交流を図ってもらう目的でサークルをつくったのです。

サークルでは手話を学びつつ、研修所の近くにあった障害者施設のお手伝いに行く活動もしていました。お手伝いにはシフトを組んで毎回数名を送るため、サークル自体にある程度の人数を確保しておく必要がありました。

当時、寮生は男女合わせて500人くらいがいました。私は、メンバーを1人でも多く集めるためにどうしたらいいか考えました。そして、まずは同期の学年（12クラス）の中から女子に「手話を学ぶサークルを立ち上げるんやけど、入ってくれへん?」と声をかけていきました。1クラスから最低1人の女子の入会をめざし、それが実現すると今度はその女子たちを「呼びかけ人」リストに載せ、それを見せながら男子に声をかけていきました。男連中にただ「手話が〜」と呼びかけても、なかなか話に乗ってきてくれません。そこで女子の名前が入っているリストを見せればきっと乗ってくる男子もいるはず。目論見《もくろみ》は見事に当たり、結果的に150人ほどの修習生がサークルに入ってくれました。施設のお手伝いも人手に困るようなことはなく、非常に有意義なボランティア活動ができたと思っています。

人は誰もが障害者

障害者の表記には、「障害」以外に「障碍《しょうがい》」と「障がい」などがあります。考え方はさまざまあっていいと思いますが、私は「障害」派です。

障害とは社会的障壁を意味し、障害者自身ではなく、冷たい社会の側にこそ「障害」はあるのだと私は考えています。そして、その「障害」のある社会を変えていくのが、政治の役割です。そう思って今まで政治に携わってきました。ちなみにこの障壁を取り除くのは社会の責務であるという「障害の社会モデル」の考え方は、国連の「障害者権利条約」(正式名称:「障害者の権利に関する条約」)にも記されています。

今、この社会で障害者が暮らしにくいのは、障害者自身やその家族の責任ではありません。責任は、障害者にとって暮らしやすい社会をつくれない「社会の側」にあります。そして、誰もが暮らしやすい社会をつくっていくのが、政治家の使命であり責任なのです。

私は障害を持つ弟とともに生き、障害者の視点でこの社会を見ることで、その冷たさ、理不尽さに気づくことができました。

障害を持つ子どもはたくさんいます。それなのに、この社会はそういった少数派は存在しないかのようにして成り立っています。私は「こんなウソっぽい社会は絶対におかしい」と子どもながらに強く感じていました。

弟のことを障害者だからといっていじめるやつらに、私は心の中で言ってやりました。

「お前、空も飛べないやないか！　鳥みたいに空を飛んでみい！」

「モグラみたいに地中に潜ってみい！」

「お前ら、何もできへんやないか！　何もできないお前らが弟をバカにすな！」

そんな子ども時代を過ごしたことから、私は「多数派も少数派もない。この世に生きるすべての人間が障害者である」と考えるようになりました。

明石市役所の市長室は3階にあり、私はいつも階段を利用していました。車椅子の人は、階段は難しいのでエレベーターを利用します。でも、これが猿だったらどうでしょうか。

階段もエレベーターも必要なく、壁伝いにポンポンと3階まであっという間に上がることもできるはずです。私は階段、車椅子の人はエレベーターと、人は何か手助けがなければ生きていけません。これからの時代は、障害のあるなし、人数の多い少ないではなく、「誰もがそれぞれに必要な支援がある」という観点で社会をつくっていく必要があります。多数派の「当たり前」を変えるために、私はこれからもやるべきことをしっかりやっていきます。

こども家庭庁への期待と失望

2023年4月に誕生したこども家庭庁に、私はその構想段階からかかわっていました。創設準備が進む中、2022年6月には、こども家庭庁設置法案などに関する参議院内閣委員会の審議に参考人として出席し、多くの子育て支援策に取り組んできた立場から意見を述べました。保育所や幼稚園、認定こども園などの所管省庁や施策がそれぞれ異なるため、もっとスムーズ、かつ迅速に対応するには省庁の縦割りの解消、改善が必要であることも強調して喋《しゃべ》ったつもりです。

当然ながら私自身、このこども家庭庁にはとても期待していました。しかし、法案では国民の不利益にしかならない縦割り行政がそのまま残されており、非常に失望しました。こども家庭庁が厚生労働省や内閣府の業務の多くを引き継ぐ一方、義務教育の政策は文部科学省に残ったまま。権限なしに政策は前に進まないので、厚生労働省と内閣府、そして文科省の縦割りがそのまま残るなら、さらに新しい組織をつくる意味が薄れてしまいます。

子どもが政治の主要課題に位置付けられたことはとても評価できます。これまで子どもに見向きもしなかった日本社会、政治が、「子ども」というキーワードを取り上げたことの意義はとても大きい。これまでは子どもが泣いているのに、泣いていることに気づかない、あるいは気づかないふりをしている社会が長く続きました。しかし、今はもう気づかないふりはできず、「子どもが泣いていますよ」と声を上げられる時代にやっと入ったのです。

かつての、子どもに対して冷たい社会からすればものすごい進歩です。ただ、「子どもが泣いていますよ」と言い合っているだけでは埒《らち》が明きません。次の段階として「子どもが泣きやむ社会」をつくっていく必要があります。

国がまだやっていない「子どもが泣きやむ施策」に積極的に、全力で取り組んできたのが明石市です。しかし、私がめざしているのは「子どもが泣きやむ社会」ではなく、「子どもが泣かなくてもいい社会」です。子ども予算、教育予算を今の2倍、3倍にして、親の所得に関係なく、子どもたちが行きたい学校に行けるようにする。「子どもの未来は社会の未来」。それを実感できる社会が私がめざしている社会なのです。

こども家庭庁の誕生によって、子どものための政策の議論が始まったことはとても評価できます。国民からの期待も大きいだけに、今後もさまざまな議論、批判もあるでしょうが「子ども」というテーマが国政のテーブルに載ったことはきわめて大きな変化です。総理大臣もいろいろと迷走はしながらも「子ども予算の倍増」を口にしました。

日本は「子どもが泣かなくてもいい社会」に向けて、ついに動き始めたようです。でも、「こども家庭庁」を加えた縦割り行政の弊害、幼稚園や小中学校などを所管する文科省の権限が移管されない点、さらに子ども関連政策の予算が少ないなど、改善すべき課題も山積しています。まずは、文科省の権限をどこまで「こども家庭庁」に移していけるかが今後の焦点になると考えています。

目には見えない流れで世界はつながっている

私は海外で行われている施策で「これはいい」と思ったものがあったら積極的に明石市の施策に取り入れていました。しかし、それが単なるマネごとに終わらぬよう、市民のニーズに合った内容にアレンジして付加価値をつけるなど、常にバージョンアップさせていました。

「中学校給食費の無償化」と「養育費の立替」は、韓国の制度を参考にしました。本来は国がやるべき施策です。しかし、国がまったく動いてくれないので、明石市として独自に施策を開始しました。

少子化対策に成功したフランスをはじめとするヨーロッパ各国の施策も、もちろん常に参考にしながら私は市政を運営していました。ただ、参考にするのはヨーロッパだけではありません。アジアやアフリカ諸国など全世界をターゲットにしていました。時代の流れと世界の政治を見ながら、明石市民のために役に立つ施策なら柔軟に取り入れていく。変わったことをしようとか、思い付きで動くようなことはありません。本書で何度も述べてきましたが、私は市民のためにグローバルスタンダードに乗り遅れないようにしてきただけです。

第1章でも紹介しましたが、時代の流れに即した部分でいうと、２０２２年度から小中高校など全市立学校のトイレに生理用品を無料で置くようにしました。これはニュージーランドでやっていた施策を参考にしたものです。また、２０２２年12月にすべての審議会で委員のうち障害者を一割以上にする条例もつくりました。これは全国初ですが、ルワンダ憲法を参考にしました。ルワンダは大虐殺（１９９４年）で多くの国民が亡くなり、その後世界中の知識人、学者が集まって、新しい国家の憲法をつくりました。その内容が実にすばらしく、最新の英知が結集された憲法といっても過言ではありません。そこで私は世界の先を行くルワンダ憲法の理念を明石市政にも取り入れました。

明石市の動きは周辺自治体にも広がっていき、今や保育料の無償化などをはじめとする子育て施策が全国各地で取り入れられています。

２０２３年１月には、東京都の小池百合子都知事がすでに明石市で実施されている０〜２歳の「第２子以降の保育料の完全無償化（所得制限なし）」を次年度から実施すると発表しました。東京が子育て施策に本気で取り組み始めたことで、こうした流れはより加速していくと思います。

九州４紙（「西日本新聞」「熊本日日新聞」「宮崎日日新聞」「南日本新聞」）が２０２３年３月に実施した子育てに関する合同アンケートで、「全国の自治体の中で、子育て政策が特に充実している自治体があれば、教えてください」との問いに対して、回答が最多だったのが何と明石市だったそうです。この流れを活《い》かし、できることならこの勢いのまま、全国各地の自治体をはじめ、国を動かすところまで持っていきたいと考えています。

私は、子育て施策というものをきっかけとして、日本の政治を民衆の手に取り戻すための、あるいは何もしない政治家や官僚たちを国の中枢から追い出すためのパンドラの箱を開けたのかもしれません。

今、時代は大きな変化を迎えようとしています。小さな流れがやがて大きなうねりとなって時代を変えていく。その微妙な空気の変化を敏感に感じ取って動くのが政治家の本来のあるべき姿です。しかし、残念ながら日本の中枢にそのような政治家は見当たりません。

時代の変化は世界にあまねく通じるものです。日本が今置かれている状況は、世界の大きな流れの中の一部分です。世界とは決して無関係ではありません。

世界は見えない流れでつながっています。世界の政治が日本に影響し、日本の政治も少なからず世界に影響を与えてきました。その見えない流れを感じつつ、国民のためだけを考えて動き、決断し、実行する。そんな本物の政治家が今、求められているのです。

2023年、統一地方選挙のその後

市長を退任するにあたり、私は自分が行ってきた明石市の施策をこれからも継続していけるようにして去っていくのが最後の責任だと強く感じていました。そのためには、これまでの市政運営をしっかり継続してくれる人にバトンタッチするまでが私の責務だと考え、2023年の市長選、市議選に臨みました。

私は自らが代表となって「明石市民の会」を組織しました。ここで兵庫県議選、明石市長選、明石市議選に計7人を擁立。4月23日の市長選に先駆け9日に県議選が行われ、私たちが推薦した橋本慧悟《けいご》さんが2位の自民現職にダブルスコアの差をつけて圧勝しました。このとき私たちは、団体や企業の力を借りれば勝てるという一昔前の組織戦はもう通用しない時代になったことを再認識しました。この12年の明石と兵庫の変化を肌で感じ、市民、県民を誇りに思うと同時に、「この流れを元に戻してはいけない」と市長選に向け決意を新たにしました。

その2週間後に行われた市長選では、私たちが全力で応援した丸谷聡子さんが7万票以上を集め、県議選に続き2位の候補にダブルスコアで圧勝。市議選でも推薦した5名が全員当選を果たしました。

選挙期間中は、特定の政党や業界団体に頼らず、市民のほうを真っ直《す》ぐに向いて訴え続けました。私たちの候補者全員を選んでいただいた明石市民のことを、私は心から誇りに思います。市民が自らの意思で「市民による、市民のための、市民目線の市政」の継続を選んだのです。政治は誰がやっても同じではありません。明石市議会もこれから新しい時代が始まることになりました。

この選挙を終えて、明石市民は自分たちが明石の街をつくり変えてきたことを実感していると思います。どの党にも所属せず、どの業界団体からも応援されないこの私が市長となって12年。明石の街は元気になり、明るくなり、やさしくもなりました。明石の街が大きく変わったことを、市民はよくわかってくれています。そして政治家が、どちらを向いて政治をしているかということもよく知っています。

その証拠に、明石市議選の候補者43名中、「明石市民の会」の候補は5名でしたが、得票割合は全体の3分の1を占め、自民党の2倍以上ありました。また、市長選でも自民党推薦の候補より丸谷さんのほうが、自民党支持者からの得票が多かったと報道されました。言葉通り、明石市民は「自民より市民」を選んだのです。

結果として、「明石市民の会」が推薦した市長、市議、県議全7名が全員当選したことは「うれしい」より「ほっとした」というのが正直な気持ちでした。選挙が終わり、「明石市民の会」も解散しました。議会に仲間を増やすために立ち上げた会ですが、市長と議会は二元代表制であり、市長が一部の議員を束ねるのは本来の姿ではないとの考えからです。

市長の任を終え、私は「弁護士」兼「社会福祉士」として活動を再開しました。「明石から日本を変えよう」という思いで今まで全力で駆け抜けてきました。やさしい社会を「明石から始める」明石市長としての挑戦は終わりました。もうすでに新たなチャレンジを始めています。やさしい社会を「明石から広げる」のが、これからの私の使命・役割です。奥歯にものの挟まったような物言いをせずにすむ立場にもなりましたから、これまで以上により深く、幅広く、各方面に積極的にかかわりながら、存分に動き回るつもりです。今年還暦を迎えましたが、ゆっくりするのは死んでからでいい。本気でそう思っています。

おわりに　政治は政治家だけがするものではない

市長の任を終えてから、「なぜ市長をもっと続けなかったのですか?」といろいろな方々からよく聞かれます。傍《はた》から見れば、まだまだやれることはあるように思われるのかもしれません。しかし、私自身は12年かけて、やるべきことはできたかなと感じています。元気のなかった明石市を元気にし、市民が誇りを持てる街に変えることができたという自負があるからです。私の政策方針を継承してくれる市長も決まり、今は解散した明石市民の会代表として応援した県会議員1人、市会議員5人も全員圧勝しました。私が市長を辞めても大丈夫な明石を残すという目標はこれで達成できたと思っています。

人は生きとし生けるもの、みな政治にかかわっています。これは社会的生き物としての人の宿命です。一市民、一国民が政治へ望むことを語ることも政治だし、ツイッターでつぶやくことも政治。政治家だけが政治をしているのではありません。

だから、私も市長を辞めたからといって政治から離れるわけではありません。実は、各政党や市民団体から自分たちを手伝ってほしいとか、新しい政党を立ち上げてほしいなどのオファーが山のように来ています。しかし、これからは普通の市民の立場から積極的に国の政治を改めさせるために精力を注いでいくつもりです。

そのポイントは①横展開と②縦展開、そして子どもの未来を考える③未来展開の3つです。横展開というのは、明石市でできたことは他の自治体でもできる。それを全国各地に足を運んで伝えていく。もう1つの縦展開は、明石市から兵庫県を変え、国を変えることです。そのためには、私の考えに近い政治家の選挙を早い段階から応援する。これは2023年7月、兵庫県三田市の市長選における3選をめざす現職市長を破っての新人候補の当選、宮城県仙台市議選で「明石モデルの子育て政策を仙台でも!」と訴えた無所属候補のトップ当選など、すでに実績が出始めています。さらに近いところでいえば、次の神戸市長選、兵庫県知事選。これらは、視野にしっかり入れています。

ファーストペンギンとして明石市で進めてきたやさしい街づくりを、日本全体に広げていくことにこれからは全力を尽くしていきます。

市長を辞め、やりたいことがもう1つあります。それは未来展開としての「こども政治塾」。私は幼心に自分のふるさと明石市を冷たい街からやさしい街に変えると誓いました。10歳の少年の誓いを果たすのに50年かかりました。

今度はあの10歳のときの誓いを、今の10歳に伝えたい。政治というのは汚いものでも、悪いものでもない。本来美しいものだと伝えたいのです。

多くの人が政治を揶揄《やゆ》したり、バカにしたり、あるいは自分の利益のために利用したりする中で、政治がとことん汚ないものになってしまいました。でも本来の政治というのは、私たちの社会をよりよい形に変え、暮らしやすくすることです。その原点に立ち、まっとうなことをまっとうに行うだけの、きわめてシンプルなものです。政治や選挙をバカにするのではなく、胸を張って将来、僕は政治家になりたいというような子どもを育てることが、みんなの未来をつくることになります。それが「こども政治塾」にかける私の想《おも》いです。

具体的には、小学校バージョンと中高生バージョン、そして大学生バージョンを開くつもりです。そして、それぞれ国政をめざす国会議員バージョンと、市長や知事をめざす地方自治バージョンに分けます。国会議員と地方自治の首長とでは、権限も役割もまったく違うからです。

たとえば、国会議員バージョンでは、議員会館の会議室を借り、国会議員を呼んで子どもたちに喋ってもらおうと考えています。順番に議員にスピーチをしてもらって、子どもたちに点数をつけて模擬投票させるのもおもしろいかなと考えています。地方自治バージョンでは、同じように県や市町村の首長を呼んでスピーチをしてもらい、子どもたちが採点する。そこでプロの政治家といわれる人たちが、いかにレベルが低いのかと感じるようなことがもしあっても、それもまたいい勉強になると思っています。参加費用はもちろん無料。まだ構想の段階ですが、具体的な方針・内容が決まれば、みなさんにきちんとお知らせします。

市長退任後には、テレビのコメンテーターや雑誌の連載などもするようになりました。市長のときとはまた違うスタンスでの相談も方々から受けるようになりました。市長を退いたら、いくらか暇になるだろうと思っていましたが、意外と自分の時間が持てないほど忙しい。政治について言いたいことは山のようにあります。日々、それは尽きることがありません。だから広めていきたい理念や政策をオンラインやSNSで、あるいは全国各地に実際に足を運んで情報を発信する。そしてオセロをひっくり返していくように日本全体を「やさしい社会」に変えていく。そのために私は死ぬまで走り続けるつもりです。

泉　房穂

＊2023年7月24日にツイッターは「X」に改称され、ツイートは「ポスト」という用語になったが、本書では原稿執筆時の記載を尊重し、「ツイッター」「ツイート」の表記をそのまま生かした。

企画／髙木真明
構成／萩原晴一郎
図版作成／MOTHER

泉　房穂（いずみ　ふさほ）

前明石市長、元衆議院議員、弁護士、社会福祉士。一九六三年、兵庫県明石市二見町生まれ。県立明石西高校、東京大学教育学部卒業。NHK、テレビ朝日のディレクター、石井紘基氏の秘書を経て、弁護士となり、二〇〇三年に衆議院議員に。その後、社会福祉士の資格も取り、二〇一一年五月から二〇二三年四月まで明石市長を三期つとめた。著書に『社会の変え方　日本の政治をあきらめていたすべての人へ』（ライツ社）、『政治はケンカだ！　明石市長の12年』（聞き手＝鮫島浩、講談社）等。

日本《にほん》が滅《ほろ》びる前《まえ》に

明石《あかし》モデルがひらく国家《こっか》の未来《みらい》

集英社新書一一七九A

二〇二三年九月二〇日　第一刷発行

著者……泉《いずみ》　房穂《ふさほ》

発行者……樋口尚也

発行所……株式会社集英社

東京都千代田区一ツ橋二-五-一〇　郵便番号一〇一-八〇五〇

電話　〇三-三二三〇-六三九一（編集部）
〇三-三二三〇-六〇八〇（読者係）
〇三-三二三〇-六三九三（販売部）書店専用

装幀……原　研哉

印刷所……大日本印刷株式会社　凸版印刷株式会社

製本所……加藤製本株式会社

定価はカバーに表示してあります。

ISBN 978-4-08-721279-2 C0231

Printed in Japan

a pilot of wisdom

集英社新書　好評既刊

体質は3年で変わる
中尾光善　1169-I

エピジェネティクス研究の第一人者が、「体質3年説」の提唱と、健康と病気をコントロールする方法を解説。

なぜ豊岡は世界に注目されるのか
中貝宗治　1170-B

前市長が全国の自治体に応用可能な視点を示しながら人口が減少し産業も衰退しても地方が輝く秘策を綴る。

江戸の好奇心　花ひらく「科学」
池内 了　1171-D

和算、園芸、花火……。江戸の人々が没頭した「もう一つの科学」。近代科学とは一線を画す知の蓄積を辿る。

続・韓国カルチャー　描かれた「歴史」と社会の変化
伊東順子　1172-B

待望の第二弾。韓国の歴史に焦点を当てNetflix配信の人気ドラマや話題の映画から韓国社会の変化に迫る。

戦略で読む高校野球
ゴジキ　1173-H

二〇〇〇年以降、甲子園を制したチームを分析し、戦略のトレンドや選手育成の価値観の変遷を解き明かす。

トランスジェンダー入門
周司あきら／高井ゆと里　1174-B

「トランスジェンダー」の現状をデータで明らかにし、医療や法律などから全体像を解説する本邦初の入門書。

ウクライナ侵攻とグローバル・サウス
別府正一郎　1175-A

なぜ発展途上国の一部はウクライナへ侵攻するロシアを明確に批判しないのかを現地ルポを交え解き明かす。

スポーツの価値
山口 香　1176-B

勝利至上主義などスポーツ界の問題の根本原因を分析し、未来を切りひらくスポーツの真の価値を提言する。

スーフィズムとは何か　イスラーム神秘主義の修行道
山本直輝　1177-C

伝統イスラームの一角をなす哲学や修行道の総称スーフィズム。そのよく生きるための「実践の道」とは？

若返りホルモン
米井嘉一　1178-I

病的老化を止めるカギは最強ホルモン「DHEA」にある。最新研究が明らかにする本物のアンチエイジング。

既刊情報の詳細は集英社新書のホームページへ
https://shinsho.shueisha.co.jp/

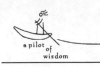